어
말
아
글

이상금 지음

외국인이 바라본 한국어의 첫인상은 어떨까?

낯선 눈을 통해 다시 떠올리는 한글의 감동

어말 어글

어머니의 말

아버지의 글

이상금 지음

마음 모습 눈치 눈꽃 사랑 사람 마음 추억 별빛 미래 낙원 방탄소년단 복숭아 매미 고양이
토끼 대박 우리 분위기 출출하다 파이팅 아름다운 약속 사과 괜찮다 안녕하세요 동그라미
사랑 그러니까 세상 썸타다 미쳤어 가끔 약간 살자 투명하다 달다 귀엽다 감사합니다 애교

목차

●●●

일러두기

1. 강조어와 간접인용은 작은따옴표(' ')로, 직접인용은 큰따옴표(" ")로 구분한다.

2. 말줄임은 말줄임표(…)를 사용한다.

3. 논문·단편·시 제목은 낫표(「 」), 저서·작품은 겹낫표(『 』)로 구분한다.

4. 잡지·신문·노래·영화 제목은 홑화살괄호(〈 〉), 방송·유튜브 등 미디어는 겹화살괄호(《 》)로 구분한다.

5. 영어·한자 등 외국어는 위첨자로 병기한다.

6. 외래어는 외래어 표기법을 따르되, 책의 취지를 고려해 '옥스포드' 등 특정 단어는 예외로 표기한다.

시작하면서

전 세계에 대략 6~7,000개의 언어가 존재한다. 그중 문자를 가진 언어는 250여 개다. 그리고 역사가 변천하여 오늘날까지 살아남은 문자는 40여 개에 불과하다. 게다가 문자를 만든 이와 반포일, 창제 원리까지 알려진 문자는 한글[1]이 유일하다.

이런 문자와 우리말을 사용하고 있는 우리는 말과 글의 첫인상을 알고 있을까? 유년 시절을 훨씬 지나 성인이 되어서도 그걸 기억할 수 있을까? 우리의 언어적 경험에 따르면, 자신의 어릴 때처럼 자식들 세대에서도 외형적으로는 되풀이되는 것 같다. 웬만큼 분주하고, 복잡한 일상이 따로 있겠는가. 그런 삶 속에서 그간 잊었거나, 기억나지 않을 것이다. 아니, 보다 정확하게 말하면, 거의 알 수 없다. 다

---

1 오늘날 대부분 국어학자는 '한글'을 문자 지칭에 한정해서 사용하지만, 일각에서는 '우리말'까지 포함하는 뜻으로 의미를 확장해서 사용하기도 한다. 이것은 뜻글자인 한자(漢字)가 문자이면서 단어('말')인 데서 영향받은 것일 수 있다. 세종이 한글을 창제해서 붙인 이름인 '훈민정음'은 말을 포함하지 않고, 문자만 가리키는 것이었다. '훈민정음'은 뒤로 오면서 '언문(諺文)' 등으로 불리다가 대한제국시대(1984년)부터 공문서에 사용하는 공식적인 문자의 대접을 받아 '국문(國文)'으로 불리게 되었다. 즉 '국문'이라는 용어도 우리 문자뿐만 아니라, 우리 문자로 쓰여진 글(글말)까지 지칭하는 다의어로 사용되었다. '한글'을 문자뿐만 아니라, 말에까지 의미를 확장해서 사용하는 것은 잘못이 아니다. 대부분 경우 문맥에 의해 그 의미가 명확해지지만, 때로는 문맥에서 혼란을 일으키기도 한다.
참조; 2024 부산인문연대 공동기획 컨퍼런스 <동북아 지역의 글로컬 현황과 과제> 가운데 '글로컬 시대 한글의 잠재력과 대응책'(발표자: 이상금)의 발표에 따른 토론자 류동석 부산대 명예교수의 토론문.

르게 말해서 평소에는 관심이 없다.

다른 한편으로 제도교육의 언어학습을 통한 필수적인 모국어와 한자 그리고 외국어는 말과 글의 스펙트럼을 크게 확장해 주었다. 그 이전 이미 모국어로서 언어습득은 태생적이었지만, 제도교육에서의 언어학습은 사회적이다. 물론 둘의 상호작용이 이루어지면서, 소통의 매체는 풍부해지고, 다양해지고, 때론 넘쳐나고, 어렵고, 복잡해지기 마련이다.

그렇다면, 여기서 말과 글을 통한 언어적 수단과 소통의 시작을 한번 되새김해 보자. 이는 언어학자의 전문적 관점이나 학술적 지식이 아니다. 실제로 자신의 기억이나 경험을 떠올린다면, 누구나 이를 나름대로 유추할 수 있기 때문이다. 그렇지만, 태어난 아이로부터 시작되는 엄마와 최초 소통은 일방적일까? 상호공감이 이루어지는 상황은 절대적이다. 한마디로 소통의 시작은 소리이지, 말이나 글은 물론 아니다. 인간이라면, 피할 수 없는 조건이자 물리적 환경이다.

그러한 환경에서 자라고 크면서 소통의 환경은 차츰 낯선 것으로 채워진다. 유년시절에는 맞닥뜨려야만 했던 한자와 한문이 있었다. 한글과는 너무 다른 그리고 읽기도 쓰기도 말하기도 더구나 그 뜻을 헤아리기는 더욱 힘들었다. 그렇다고 해서 한자와 한문의 영향력은 결코 무시할 수 없었다. 일상에서의 소통은 물론 지식의 확장과 사용에서 피할 수 없는 상호소통의 절대적인 조건이었다. 차츰 한글만으로의 원활한 소통은 물론 타자와의 교류에서 그 한계를 알게 된다.

그러나 변형생성문법으로 잘 알려진 20세기 최고의 언어학자 촘스키 (A.N. Chomsky, 1928~)가 밝힌 것처럼 이 지구상에서 완벽한 언어는 없다. 그는 어느 언어가 낮고, 어느 언어는 열등하다는 구분과 차별은 아무런 의미가 없다는 말까지 덧붙였다. 하물며 쉽고 어렵다는 핑계가 무슨 소용이란 말인가!

어휘의 많고 적음이나, 학술적 전문적 용어로서의 나라별 언어가 갖는 비교우위는 그것이 적용되는 분야나 사용자, 그리고 이해 당사자에게는 유효할 수 있다. 그러나 그렇다고 해서 언어적 절대 우월성을 부여받는 건 아니다. 언어가 경제적 정치적 종교적 문화적 지배력과 영향력에 의존하고, 더구나 그것들마저 시대에 따라 변한다는 사실에 주목할 필요가 있다. 즉 언어의 환경적 가변성의 문제이지, 언어 그 자체로서 완벽함이란 없다는 뜻이다. 여기서 앞서 언급한 사실을 추스르면, 마지막으로 남는 건 포용적인 문화의 영향력이다.

신문, 잡지부터 유튜브, SNS까지 다양한 매체를 통해 종종 소개되는 '한류(Hallyu; Korean Wave)'의 원천이 늘 궁금했다. 필자로서는 자연스럽게 한글의 발생과 변천, 한국어 열풍, 국가적 이미지를 따져볼 수밖에. 12,500명을 대상으로 한 「국가이미지 조사보고서」(2022.12.)[2]에 따르면 오늘날 한국을 인식하는 데 있어 가장 큰 영향력을 끼친

---

2 한국의 「국가이미지보고서(Nation Brand Report)」는 대한민국의 국가이미지를 평가하고 분석한 것으로 문화체육관광부 해외문화홍보원이 매년 발행하고 있다. 보고서의 목적은 한국의 국제적 위상을 높이고, 한국에 대한 이해와 호감을 증진시키기 위해 필요한 정보를 제공하는 데 있다.

것은 '문화(18%)'이며, 다음이 '대중음악(케이팝; 17.1%)'이다. 3위는 '한 식(16.2%)'이고, 4위는 '기술과 엔지니어(11%)' 분야이다.[3] 이는 설문에 참여한 외국인들의 최초로 연상하는 이미지에 대한 통계이다. 결코 가볍게 볼 수 없는 현상이다. 물론 대중문화와 케이팝은 서로 겹치는 부분도 있겠지만, 케이팝이 대부분 음악과 노래에 속한다는 점에서 다르다.

한마디로 문화와 과학과 기술 강국으로서 선진국의 면모를 보 여주고 있다. 최근 보도에 따르면, 영국의 경우 방과 후 수업에서 한 국어 열풍이 커서 교육부에서 연구팀을 구성할 정도로 알려져 있다. 라트비아 역시 마찬가지이다. 핵심은 한국어를 배우면, 한국 음악에 쉽게 매료된다는 내용이다. 이를 달리 표현하자면, 한류의 핵심은 곧 '한글'과 '한국어'라고 말할 수 있다. 언뜻 논리의 비약처럼 보일 지 모른다. 과연, 그럴까?

---

3   2021년 세계 24개국 각 500명씩 12,000명 외국인과 한국인 500명 총 12,500명을 대상으로
    조사한 내용이다. 평가 항목은 '현대/대중문화, 문화유산, 경제, 안보, 정치/외교, 사회, 스포츠,
    과학-기술' 등으로 세분화 되었다. 즉 한국의 국가이미지를 현재 어떻게 인식하고 있으며, 어
    떠한 경로로 형성되었는지, 주요 분야별로 어떻게 평가하는지, 국가이미지가 어떤 부분에 영
    향을 미치는지를 조사했다.
    참조; 문화체육관광부 해외문화홍보원이 펴낸 「2022년도 국가이미지 조사 보고서」

왜, 이런 책을 펴내는가

    이러한 글을 구상하게 된 이유는 간단하게 두 가지로 서로 맞물려 있다. 그중 하나는 비교적 오래된 필자의 생각이었다. 우리가 사용하는 말은 무엇이고, 어떻게 글로 표현되는가? 모국어에 덧붙여 몇몇 외국어를 배우면서, 나중에는 외국어와 문학을 가르치면서 품었던 이런 궁금함은 때론 모호함으로 흐트러졌다. 게다가 말과 글이라면, 가르치는 입장과 배우는 입장 사이에 과연 근원적인 차이가 있기는 한지 의문도 자주 들었다. 즉 이런 기본적인 물음에 명쾌한 해답을 스스로 구할 수 없었다.

    이와 같은 생각이 끊이지 않은 가운데 독일 유학 후 대학에서 강의하던 시절 우연하게 접한 책 한 권이 두 번째 계기다. 『가장 아름다운 독일어』⁴라는 제목으로, 독일어를 처음 배울 때 받은 인상이나 기억에 남는 단어를 편찬한 서적이었다. 독일어권 나라들은 물론 전 세계적으로 응모한 형식의 글을 엮어 독일문화원의 후원으로 발간하였다. 독일 유학생을 포함해서 나이에 상관없이 독일어를 경험한 이들의 반응이 생생히 실렸다.

---

4   Jutta Limbach(Hrsg.), 『Das schönste deutsche Wort』, Max Hueber Verlag, 2005.

책을 읽어보니 은근히 감동적이었다. 편집도 인상적이었다. 페이지 곳곳에 내용에 적합한 사진이나 그림이 곁들여졌다. 자국어를 되돌아보는 발행인과 편집자의 앞선 시각과 결과물이 무척이나 부러웠다. 동시에 오랫동안 생각만 품었지 차근히 준비하여 실천하지 못한 게으름이 부끄러웠다. 기회가 생기면, 배운 외국어를 수단으로 우리 글과 말, 문화를 가르치고 싶었다. 한마디로 우리를 알리고 싶었다. 그 태도야말로 외국을 알고, 또 외국어를 배우려는 기본적인 자세라고 스스로 믿었기에 더욱 그러했다.

따지고 보면, 외국(어)을(를) 배우는 목적은 각기 다를 것이다. 이전에는 국가의 전략적 차원에서도 선택과 집중을 한 사례는 동서고금의 역사를 통해서도 잘 알려져 있다. 선진 문물을 배워, 자국에 여하한 형태로든 자양분을 제공하고, 나아가 변화와 발전을 꾀하는 데 있을 것이다. 순수학문적 이유도 있지만. 그러나 따지고 보면, 반드시 일방적일 수 없다. 소위 선진국에서도 못된 것이 많으며, 애써 버리거나 무시해도 되는, 아니 우리가 훨씬 나은 것도 적지 않았기 때문이다. 간추리면, 어떤 목적이든 이유이든 그것이 개인이든 국가든 이해관계에 따라 언어의 수용과 지킴에서 다양한 양상이 드러날 수밖에 없다.

다른 한편으로 한때 흔한 생각들이 한국에서도 비교적 오랫동안 허세를 부렸던 적이 있었다. 즉 "무슨 소리, 후진국이 선진국의 언어를 배우는 거야." 물론 맞는 말이다. 그러나 세상이 바뀌면서, 이제는 선진국일수록 다른 나라의 언어를 알려고 하는 데 있어 적극적이지 않은가? 무한경쟁과 자국 이기주의 시대일수록 더욱 그렇지 않은가! 예측할 수 없는 가까운 미래일지라도, 말과 글에서 선진국어 후진국어가 따로 있을까? 다시 촘스키의 주장을 인용해 보자.

"인간 아기와 아기 고양이는 귀납적 추론을 할 수 있지만, 정확히 같은 언어에 노출될 경우 인간은 항상 언어를 이해하고 생산하는 능력을 얻게 되는 반면, 고양이는 결코 어떤 능력도 얻지 못한다"고 촘스키는 주장했다. 이런 능력의 차이가 발생하는 이유는 인간이 태생적으로 '언어습득장치(LAD; Language Acquisition Device)'를 가지고 있기 때문이라고 했다.[5] 이와 연관시키면, 인간의 소통과 교류는 가르치고 배우는 과정에 늘 놓이기 마련이다. 한마디로 말하는 입과 듣는 귀를 가진 인간들이 지구상에 널리 퍼져있을 뿐이다.

말하고 듣고 쓰기를 가르치는 선생에게 있어, 말을 배우는 학생들은 과연 누구인지 궁금할 수밖에 없다. 학생들은 매년 새롭게 바뀐다. 새로운 세대와의 소통은 나이 탓인지 늘 자격지심(自激之心)을 불러일으켰다. 쉽게 말해, 배우려는 학생들의 특이하고 때로는 엉뚱한 생각을 배제하고 가르치려는 자세가 올바르지 않다는 판단이 들었다. 어쩌면 교수라는 직업인으로서 두 어깨에 짊어져야 할 빈 지게처럼 여겨졌다. 지게에 무언가를 담으려면, 자신이 직접 움직이고 채워야 마땅하지 않을까. 더구나 그들보다 앞서 얻은 지식을 통해 배우는

---

5 1) Avram Noam Chomsky, 『Aspects of the Theory of Syntax』, MIT Press, 1965.
    2) 노암 촘스키, 『변형-생성문법의 이론』, 이승환 번역, 범한서적, 1966.

자의 잠재력을 일깨우는 임무를 소홀히 하고 싶지 않았다.

2018년 봄학기부터 라트비아대학 아시아학과에서 강의를 시작하고 2년 남짓의 세월이 흘렀다. 라트비아 정부 초청 연구차 체류하였지만, 연구소 또는 대학에 소속해야만 하는 규정 탓에 별도로 맡게 된 강의였다. 처음에는 학생들의 동아시아 문화에 대한 일반적인 지식에 집중했다. 그러나 시간이 지남에 따라 학생들의 한국어에 대한 관심이 일본어나 중국어에 대한 것보다 훨씬 높음을 확인할 수 있었다. 매년 한국어 전공을 선택하는 학생들이 가장 많았으며, 지금도 계속 그 추세가 이어지고 있으니 놀라운 사실 아닌가!

달리 말하자면, 제대로 기본을 갖추는 데 있어 가르치는 사람으로서 세밀한 주의와 지속적인 노력이 필요했다. 살펴보니 배우려는 학습자들의 관심이 대부분 문화에서 비롯되었음을 이내 확인할 수 있었다. 현대자동차, 엘지와 삼성 등 한국의 기업이 이곳에서 학문적인 지식보다 먼저 한국의 이미지를 상업적으로 알리고 있었다. 신생 독립 직후라 할 수 있는 2004년 이곳 발트3국을 처음 방문하면서 직접 눈으로 확인했던 사실이다. 동아시아에서 한국의 이미지가 '경제 → 학문 → 정치'로 이어지는 보편적인 연관성은 여기에서도 예외가 아니었다. 살기 위해 돈이 필요하고, 어느 정도 살 만하니 공부도 할 수 있고, 나중에 사회적 국제적 활동이 이루어진다.

젊은이, 특히 청소년들이 품는 해외를 향한 관심 가운데 으뜸은 '문화'일 것이다. 쉽게 말해서, 낯섦과 새로움에 대한 열정과 도전으로 그 의미를 충분히 가늠할 수 있다. 그렇지만, 이들에게 문화의 속성이나 본질, 나아가 복잡한 경제적 배경 또는 산업화, 그러한 추억을 가져다준 실체는 언제부터 그 모습을 드러내고, 호응했던가. 궁금하지 않을까? 역설적으로 외국어로서의 한국어를 배우는 사람이라면, 반드시 나름의 추억에서 스스로 묻게 된다.

그렇다면, 엉뚱한 질문을 던져보자. 우리는 드러난 언어적 현상에만 머물고 있지 않은가? 소위 문화라는 이름으로 통칭하는 엔터테인먼트 같은 오락과 즐거움에 지나치게 쏠려 있지 않은가? 한 나라의 문화적 배경인 역사는 기본이며, 문화의 가장 원초적인 요소인 언어의 발생과 이후 변천 과정을 인지하고 있는가? 그리하여 어떻게 오늘날 한글과 한국어가 쓰이고 있는지 아는가?

위 물음을 어느 정도 설명할 수 있다 하더라도, 소리와 글자가 빚어내는 문화적 창조성을 자신들의 삶에서 특정한 방식으로 적용하고, 또 현실화가 가능한가? 이러한 물음에 필자의 기억과 관점을 덧붙이는 식으로 이 책을 엮는다.

따라서 이 책 『어말아글』은 외국어로서 한국어를 가르치는 교수자와 한글을 새로 배우려는 학습자에게 초점을 맞추고 있다. 모국어 환경이 아닌, 다른 환경에서 처음으로 한국어를 접하는 입장에서 기본적으로 알아야 할 사항이나 지식을 간추려 실었다.

작은 궁금함으로 시작해 적은 노력을 이어 온 것에 불과하다. 더구나 충분치 못하다. 어떻게 읽히고, 받아들이냐는 독자의 몫이다. 다만, 이러한 시도에서 미처 몰랐거나 부족하고, 미흡한 점에 대한 개선은 끊이지 않을 것이다. 한글을 사랑하는 사람이라면 누구라도, 아니 정신과 문화가 깃들어져 있는 말과 글을 올바르게 사랑하려는 사람이라면….

이천이십삼년 오월 어느 봄날에
라트비아 리가에서 **이상금**(李相金, Li Sanggum)

자료의 분류와 배열

이 책은 외국인으로서 처음 접하는 한국어에 대한 다양한 느낌을 실었다. 한국어 테스트나 시험이 아닌 만큼 그들이 선정한 어휘에 주목할 필요가 있다. 덧붙이자면, 실제는 더 생생했다. 선정한 단어를 말로 설명하는 과정에서 그들은 자신이 글로 표현한 인상에 걸맞은 표정과 눈빛을 곁들였기 때문이다.

자료는 다음과 같은 내용으로 구성했다. 먼저 강의 중 설문과 과제에 응답한 내용을 전부 모으고 분류했다. 거의 모두 가능한 원문 전체를 살렸다. 다만 오자, 탈자, 띄어쓰기, 붙여쓰기, 맞춤법과 문장부호를 중심으로 꼭 필요하다고 판단되는 부분에서만 보충하고 보완했을 뿐이다. 물론 해당 학생들에게도 피드백을 전했다.

일반적인 한국어의 수준은 처음으로 배우는 초보자에서부터 이미 한국을 교환학생 또는 여행한 경험이 있는 자까지 범위가 다양하다. 더구나 대상 학생들은 티브이, 드라마, 영화, 게임, 스마트폰, SNS(트위터, 페이스북) 등을 이용하여 필요한 만큼 관심 분야에 대한 각자 나름의 선행 지식과 경험을 갖고 있다. 동시에 틈틈이 동료 학생들끼리 필요한, 때론 궁금한 정보를 교환하거나 공유한다. 즉 한국어로 읽고 쓰고 말하는 수준은 대상자 간 차이가 있을 수밖에 없다. 그러나 처음 접하는 한글과 한국어에 관한 특별한 감동 또는 개인적인 인상 그 자체에는 차이가 없었다. 물론 이 판단은 이후의 일이다.

부연 설명을 위해 응답자가 사용한 대부분 언어는 영어였지만, 간혹 모국어인 라트비아어를 구사하여 언어적 등가성을 확보했다. 영어만으로 또는 한국어만으로 자신의 생각을 밝히는 경우도 있다. 설명이 길고 적음도 개인적인 취향이었으며, 발표 및 질의응답을 통해 이해의 정도를 소리, 표정, 느낌으로 확인할 수 있었다.

간추리면, 이러한 자료는 교수와 학습자 사이에서 이루어진 설문조사의 결과물이다. 한국어를 대학에서 배우는 기간은 2년으로 총 4학기다. 계절은 봄이 완연한 북국의 오월로 신록과 푸름이 그리고 화창한 날씨가 이어지는 시기이다.

설문에 참가한 대상자를 분류하고 배열한 방식은 아래와 같다.

(1) 선택한 한글/이름과 성(한글과 로마자 표기/이메일)

<2020년 봄학기> 22개/9명

안녕하세요/네 ·············· 아델라이다 M.-하리사Adelaida M.-Harrisa
adelaida108@gmail.com

눈꽃/마음(에 들다) ·············· 안나 페트리첸코Anna Petričenko
anjapetrichenko@gmail.com

사랑/안녕하세요 ·············· 다나 코제브니코바Dana Koževņikova
danakozevnikova@gmail.com

학/투명하다/화가 ···································· 에디타 제르베|Edita Dzērve
editadzerve@gmail.com

꽃길/꿈/채식주의자 ····························· 에바 푸카|Eva Pūka
evapuka2@inbox.lv

꽃/달다 ··· 리에네 파블로비차|Liene Pavloviča
1dlieniite@gmail.com

미래/꽃/별빛 ····································· 마가리타 스브리도바|Margarita Sviridova
emiria.tia@gmail.com

낙원/소우주/친구 ······························· 메기아 메이라네|Megija Meirāne
meirane.megija@gmail.com

한(恨)/빛 ··· 마라 루게나|Māra Ruģēna
mara.rugena@gmail.com

<2021년 봄학기> 38개/15명

파이팅/아름다운 ································· 안니아 셀리나 슬레제|Annija Selīna Slēze
slezeannija1998@gmail.com

눈꽃/한 ·· 카리나 치네|Karīna Cine
cine.karina@inbox.lv

지아/하늬 ·· 카리나 콜로스코바|Karīna Koloskova
koloskovakarina@gmail.com

살자/사랑해/눈치 ································ 마리나 키릴로바|Marina Kirilova
marijak035@gmail.com

약속/사람/사랑 ··································· 마르타 앞시테|Marta Apsīte
marta.a@inbox.lv

주다/사자/눈치 ··································· 엘리자 맞추카네|Elīza Mačukāne
atsumihitanata@gmail.com

미래/삶/매미 ····································· 산타 마리아 키브리나|Santa Marija Kivriņa
santakivrina4@gmail.com

<2022년 봄학기> 27개/9명

마음/푸르다/청출어람 ·······································라츠 필란스Valts Piļāns
valts.pilans@gmail.com

방탄소년단/아름답다/고양이 ···························자네테 칼니냐Žanete Kalniņa
kalnina.zanete@inbox.lv

눈꽃/별빛/사랑 라우라 ································라우라 그레이슈카네Laura Greiškāne
laura.greiskane@gmail.com

사람/사랑/세상 ·································엘리나 카르포바Elīna Karpova
karpovae1310@gmail.com

<2023년 봄학기> 32개/11명

토끼/좋아하다/꽃 파울라 ·····························파울라 가일레Paula Gaile
pauljuks14@gmail.com

눈치/썸타다/한 ·····························아나스타시아 고르벤코Anastasija Gorbenko
anastasija.gorbenko@inbox.lv

파이팅/안녕하세요/감사합니다 ·····················그레타 굼벨레Grēta Gumbele
gkgum02@gmail.com

좋아하다/안녕하세요/하자 ·············예브게니아 코르지노바Jevgeņija Korzinova
jeva_jina@inbox.lv

눈치/꽃길/한 ································케티아 랍샤네Ketija Lapšāne
ketija.lapsane@inbox.lv

기다리다/잠깐만/괜찮다 ··························사만타 테데예바Samanta Tedejeva
samantatedejeva@gmail.com

만들어요/비비다/스트레스 받아요 ·········안니아 테겐홀마Annija Thegenholma
annijathegenholma@gmail.com

고양이/추억/꽃길 ······························마리아 자하로바Marija Zaharova
zaharovamarija816@gmail.com

마음/모습/눈치 ·······················옐리자베타 이바노바Jelizabeta Ivanova
jelizabeta.ivanova@gmail.com

네/대박/사과 ·····························메기아 라우바Megija Lauva
megija.lauva@gmail.com

사람/사랑 ·····································산타 쿠타샤Santa Kutaša
kutashasanta@gmail.com

(2) 분류와 구성

우리나라 문법에 따르면, 품사의 분류는 '명사/대명사/수사/관형사/부사/조사/감탄사/동사/형용사' 9가지로 구분된다. 이는 낱말의 '형태/기능/의미'에 따라 학술적으로 나뉘는 것이다. 그러나 여기서는 이런 세 가지의 분류 기준을 참조하였지만, 아래와 같이 편의적으로 배열하였다. 괄호 안의 숫자는 낱말이 연거푸 언급된 횟수이다.

1) 인사말: 안녕하세요(5)/네(2)/감사합니다

2) 감탄사: 화이팅(2)/사랑해

3) 형용사: 투명하다/달다/귀엽다/아름다운/아름답다/푸르다/미쳤어, 미치다/뚱뚱하다/괜찮다

4) 부사: 가끔/그러니까/잠깐(만)

5) 동사: 살자/주다/사자/썸타다/좋아하다(2)/비비다/기다리다/하자

6) 명사: 꽃(4)/꽃길(5)/눈/눈꽃(3)/벚꽃 개화/사랑(6)/사람(3)/마

음⑷/추억⑵/빛/별빛⑵/별/여명/꿈⑵/미래⑵/낙원/
소우주/방탄소년단/복숭아/사과⑵/학/매미/고양이
⑵/토끼/추억/여명/세상/모습/화가/채식주의자/친구
⑵/한(限)⑹/지아/하늬/눈치⑼/대박⑵/약속⑵/삶/한
국/우리/분위기/청출어람/동그라미/한글

7) 기타: 마음에 들다/배가 출출해요/만들어요/스트레스 받아요

가능한 위의 분류를 기준으로 삼으려 하지만, 보다 쉽게 이해하
기 위해 다음과 같이 재분류했다. 또한 수집하고 조사하며 간추린 자
료의 의미가 실제로 학생들이 구사한 바와 다를 수 있으므로 발표와
면담을 통해 한글의 첫인상을 다시 확인하는 작업을 거쳤다.

- **인사하는 말:** 안녕하세요/네/화이팅/사랑해/감사합니다

- **움직이는 말:** 살자/주자/사자(사다)/썸타다/좋아하다/
  기다리다/비비다

- **꾸며주는 말:** 투명하다/달다/귀엽다/아름다운/아름답다/
  푸르다/미쳤어, 미쳤다/뚱뚱하다/푸르다

- **부추기는 말:** 가끔/약간

- 가리키는 말: 꽃/꽃길/눈/눈꽃/벚꽃 개화/사랑/마음/사람/
  추억/빛/별빛/별/여명/꿈/미래/낙원/소우주/
  방탄소년단/복숭아/사과/학/매미/고양이/토끼

- 사람들 사이에서: 배가 출출하다/만들어요/스트레스 받아요/
  화가/채식주의자/친구/한/지아/하늬/
  눈치/대박/약속/삶/한국/우리/분위기/
  청출어람

- 묶어서 만든: 눈꽃-마음-마음에 들다/장난스런 키스-화이팅-
  아름다운/약속-사람-사랑/눈치-그러니까-
  동그라미/사람-사랑-세상/나비-장미-
  안녕하세요/한글/좋아하다-안녕하세요-하자/
  네-대박-사과/기다리다-잠깐만-괜찮다

무엇보다 중요한 것은 학생들이 기술한 원문을 그대로 살렸다는 점이다. 부정확한 말 또는 오자, 탈자 가운데 특히 외국어를 배울 때 발생하는, 예쁘게 실수한 부분은 색깔로 처리했다. 첫 언어에 대한 인상이므로 서툰 만큼 맛깔스럽지 않은가! 정제되지 않은 풋풋함도 느낄 수 있었다. 누구나 배우는 과정에서 생기기 마련인 "실수는 인간적이다Irren ist menschlich." 따라서 예사말이든 높임말 형태이든 그대로 두는 것이 오히려 가치 있다고 판단했다. 그리고 선정한 단어 대부분을 따로 떼어내어 유사한 것들로, 때론 한데 묶어서 구성한 이유는 글쓴이의 뜻을 살리는 데 있다.

스스로 선정한 언어에 대한 설명이 자신들의 모국어 표현으로는 부족한 편이다. 더구나 아직 한국어 쓰기 표현이 힘든 학생들은 대부분 영어로 설명을 곁들였는데, 이를 그대로 실었다. 자신들에게는 한국어든 영어든 외국어에 속한다. 그런 점에서 두 가지 모두 외국어 표현이지만, 한국어보다 영어 표현이 많이 나은 편이다.

따라서 한글과 영어의 설명에서 뉘앙스는 물론 의미를 달리하는 경우도 발생한다. 그럼에도 불구하고 수정이나 보완, 보충하지 않았다. 영어식 표현도 대부분 그대로 실었다. 다만 부적합하거나, 매끄럽지 못하거나, 틀린 부분만큼은 영어에서도 일부만 사소하게 수정한 표시를 했다. 21세기 우리의 일상은 이미 2개 언어를 사용하는 '이중언어 bilingualism'에 머무르지 않는다. 이제는 기본적으로 세 나라의 언어를 함께 또는 섞어 사용하는, 특히 유럽에서는 3개 언어를 사용하는 '삼중언어 trilingualism'가 일상이다! 필자로서는 특히 흥미로운 점이다.

그다음에는 이 책의 뜻과 관련하여 2021년 옥스포드 영어사전에 실린 표제어 26개 가운데 해당하는 어휘를 소개하고, 추가로 일일이 영어로 쓰인 단어 풀이를 따로 실었다. 그 이유는 사전적 풀이와 영어권에서의 이해는 어떻게 이루어지고, 현재 한국어와 한국어 사전의 설명은 어떠한가를 비교하는 데 있다. 원어를 현재 사용하는 나라와 그 나라의 언어를 자국의 외래어로 옮기는 현상은 우리에게 시사하는 바가 크다. 각기 다른 느낌과 인상, 기억이므로 한 단어를 두고 다양한 반응을 살펴볼 수 있는 점 역시 대단히 흥미로운 사실이다.

물론 이러한 시도에 문제점이 뒤따를 수밖에 없었다. 부딪친 한계는 더 많았다. 포괄적인 면에서 몇 가지만 언급하면, 아래와 같다.

첫째, 전 세계에 널리 호응과 관심을 불러일으키고, 심지어 열풍까지 일어나는 현상을 북동 유럽의 특정한 한 나라에 국한하여 파악하는 것이 바람직한가?

둘째, 같은 지역권에서 범위를 넓혀 공동으로 작업하는 게 좋지 않을까? 예를 들면, 발트3국인 '에스토니아/라트비아/리투아니아' 등 이웃 나라들끼리 연대성을 살리는 방향은?

셋째, 대학뿐만 아니라, 해외에서 운영되는 '세종학당'의 학생들도 포함하는 내용은?

넷째, 설문 대상을 폭넓게 확대해야 하지 않을까? 한국어를 왜 배우는지, 그리고 졸업 후 진로에 대한 설문을 포함하는 것은?

다섯째, 동아시아의 세 나라, 즉 중국어와 일본어의 경우를 비교하는 관점은?

이처럼 범위와 대상, 지역, 시기, 질문 내용 등 숱한 문제 제기가 일어날 수 있다. 그러나 프로젝트 수준이 아닌 이상 전체를 아우르는 작업은 사실상 어렵다. 예를 들어 '유럽한국어교육자협회(EAKLE; European Association of Korean Language Education)'의 총회[6]에서 논의한다든지, 학술회에서 또는 각 대학의 한국어 강사와 세계 여러 나라의 '세종학당' 강사들에게 협조를 요청해야 위에 언급한 문제점과 한계를 어느 정도 해소하고 지울 수 있을 것이다.

다른 한편으로, 설문 조사 과정에서 부딪치는 문제는 구체적일 수밖에 없다. 한마디로 전제해야 할 조건들에 대한 고려이다. 설문과 과제에 답한 학생들의 수준, 한국어를 알게 된 시기, 연도, 교환학생 체험 유무, 개인적인 여행이나 공연 참가, 외국인들끼리 소통 등 앞선 경험이 있는 학생들이 있는 반면, 전혀 그렇지 않은 학생들도 있다. 그만큼 대상자들은 각양각색이다. 그러나 주변과 사회 환경적 요인에 대한 고려는 학술서나 논문에서 다루거나 검증할 문제이므로, 여기서는 실체로 드러난 현상에 주목했다.

---

6 2024년 제10회는 이탈리아 시에나대학에서 8월 29일~30일에 걸쳐 열린다. 주제는 "유럽 한국어 교육자 워크숍: 다중문화, 다문화 사회 한국어 교육의 역할과 방향"이다.

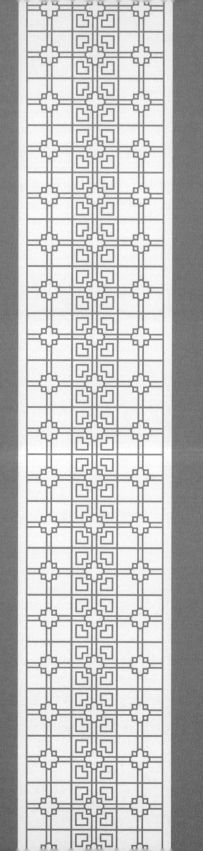

1부

한글의 변천과 옥스포드 영어사전

나랏말ᄊᆞ미 中듕國귁에 달아
文문字ᄍᆞ와로 서르 ᄉᆞᄆᆞᆺ디 아니ᄒᆞᆯᄊᆡ
이런 젼ᄎᆞ로 어린 百ᄇᆡᆨ姓셩이
니르고져 홇 배 이셔도
ᄆᆞᄎᆞᆷ내 제 ᄠᅳᆮ을 시러 펴디
몯ᇙ 노미 하니라
내 이ᄅᆞᆯ 爲윙ᄒᆞ야 어엿비 너겨
새로 스믈 여듧 字ᄍᆞᄅᆞᆯ ᄆᆡᇰᄀᆞ노니
사ᄅᆞᆷ마다 ᄒᆡᅇᅧ 수ᄫᅵ 니겨 날로 ᄡᅮ메
便뼌安ᄒᆞᆫ 킈ᄒᆞ고져 홇 ᄯᆞᄅᆞ미니라

1. 훈민정음, 한글의 첫 모습

　외국어로서 한국어를 배우는 사람들에게 궁금한 점은 처음부터 한두 가지 아니다. 그 가운데 하나는 한글의 첫 모습은 어떻게 생겼을까이다. 가르치는 입장에서도 한글이 언제 만들어졌고, 어떻게 변천되어 왔는지를 알릴 필요를 크게 느낀다. 쉽게 말해서 출생의 비밀과 변천, 그 역사를 알림으로써 오늘날 한글을 이해하는 데 기본적인 지식을 갖추어야 한다는 당위성 때문이다. 그러나 정작 한글을 사용하는 우리도 제대로 이해를 하고 있을까? 그렇지 않다. 자연스럽게 생기는 무관심과 선입견이 가장 큰 이유라고 본다. 그런 점에서는 외국의 경우 역시 크게 다르지 않다.

　한글이 창제된 해는 1443년이며, 한글을 백성들에게 반포한 시기는 1446년이다. 15세기 중엽 이 지구상에서 가장 정교하고 잘 갖추어진 새로운 문자가 만들어졌다. 인류가 사용하는 각기 다른 말이 많지만, 자신들이 사용하는 말에 걸맞은 글(문자)의 창조는 인류의 언어사에서 보면, 획기적인 사건이다. 그러나 과연 이러한 의미를 처음부터 가졌다고는 볼 수 없다. 근 5세기가 넘어서는 20세기에 들어서야, 학자들의 언어에 관한 연구가 본격적으로 이루어짐으로써 학문적 가치와 의의가 자리매김된 것이다. 그리고 그 가치를 특히 문화와 예술 분야에서 발휘하는 데는 또 많은 시간이 흘렀고, 시대 변화에 맞게끔 많은 희생을 치렀다.

한글이 만들어진 당시 조선의 백성은 기득권층의 글과는 다른 세상에서 살고 있었다. 말이나 글로써 서로 소통할 수 있는 현실과 그럴 수 없는 아픔과 고통이 따로 존재했던 것이다. 한마디로 말과 글이 다른 세상은 늘 마치 증강현실(AR)이거나, 다른 한편으로는 가상현실(VR)이었다. 어떻게 보면 삶의 현실이 확장성을 가졌다고 볼 수 있다. 긍정적인 면에서 그렇다는 말이다. 물론 한자로 비롯되는 소통에서 문화로의 치환이 불러일으키는 현상으로 볼 때 말이다. 아니, 이처럼 20세기 초까지 한자어와 한문의 영향력은 일상의 모든 영역에서 절대적이었다. 부정적인 면으로는 백성의 삶과는 철저하게 단절되고, 거부되었음을 알 수 있다.

다른 한편으로 한자를 빌려 써야만 하는 언어 소통의 한계에서 본다면, 기득권층으로서는 하등의 어려움이 없었으리라. 오히려 문자가 가진 속성에서 마술적인 힘과 권력을 맛보는 데 있어 최상의 도구이자 수단이었을 것이다. 오늘날 외국어, 특히 영어를 무슨 권력처럼 아무렇게 말하는 얄량한 인간들과 차이가 없을 것이다. 배운 자들의 기득권 유지와 자기 합리화가 어떠한지 인류의 역사가 끊임없이 보여주고 있지 않은가! 그러나, 이 글을 빌려 그러한 한자어와 외국어의 힘이나 지배력을 말하고자 하는 것은 아니다. 순기능 역시 부정할 수 없기 때문이다.

오늘날 21세기 초 지구상에서 한글을 사용하는 사람들 가운데 한글의 유용함과 편리함에서부터 언어의 확장성에 이르기까지 다양한 이해가 이루어져 왔다. 가장 먼저 아래의 『훈민정음(訓民正音)』의 알림글을 되새김함으로써 우리 한글에 대한 이해가 필요하다고 판단한다.

『훈민정음』은 크게 '예의(例義)'와 '해례(解例)'로 나누어져 있다. '예의'는 세종이 직접 지었는데, 한글을 만든 이유와 그 사용법을 간략하게 설명한 글이다. '해례'는 성삼문, 박팽년 등 세종을 보필하며 한글을 만든 집현전 학사들이 한글의 자음과 모음을 만든 원리와 용법을 상세하게 설명한 글이다. 1446년 9월(음력) 상순에 함께 기술되었다. 우리가 국어 시간에 배웠던 "나라말이 중국과 달라…"로 시작되는 문장은 '예의'의 첫머리에 있는 한문으로 된 서문을 우리말로 바꾸어 놓은 것이다.

서문을 포함한 '예의' 부분은 무척 간략해 『세종실록』과 『월인석보』 등에도 실려 있어 전해져 왔지만, 한글의 창제원리가 밝혀져 있는 해례는 전혀 알려지지 않았다. 그런데 예의와 해례가 모두 실려 있는 훈민정음 정본이 근 500년이나 지난 다음인 1940년에 발견되었다. 그것이 바로 『훈민정음 해례본』이다. 드디어 해례의 실체가 모습을 드러낸 것이다. 『훈민정음 해례본』이 마침내 대중에게, 그리고 한글학회 연구자들에게 공개된 것은 해방 후에 이르러서다.

이를 제대로 이해하는 사람은 누구여야 하는가? 한글을 배우는 사람이나 가르치는 사람 모두 한글의 창제와 그 목적을 제대로 이해함으로써 한글에 대한 자부심과 긍지를 느껴야 하리라.

訓民正音
國之語音異乎中國與文字
不相流通故愚民有所欲言
而終不得伸其情者多矣予
為此憫然新制二十八字欲
使人人易習便於日用矣
ㄱ牙音如君字初發聲

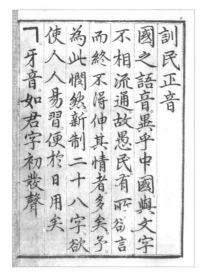

[사진 1]『훈민정음 의례본』
© 한국민족문화대백과사전

訓民正音
國之語音이
나랏말ᄊᆞ미
異乎中國ᄒᆞ야

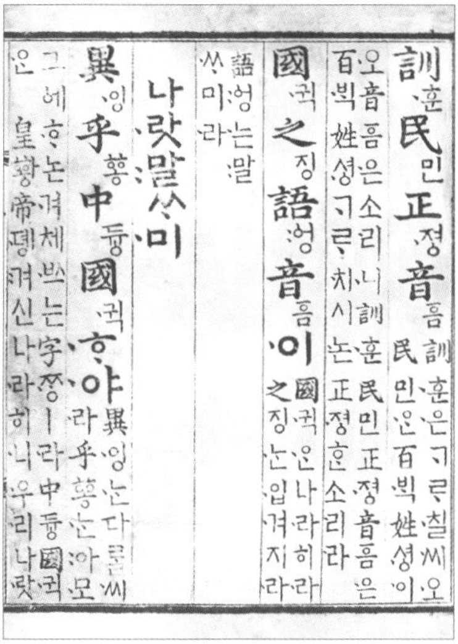

[사진 2]『훈민정음 해례본』 일부
© 국가유산청

‘국지어음(國之語音)’으로 시작하는 세종의 서문(사진 1)을 보다 쉽게 현대 한국어로 옮기면, 아래와 같다.

“조선의 말이 중국과 달라서 문자로는 서로 소통하기 어렵다. 이런 이유로 불쌍한 백성들이 말하고 소통하고 싶어도, 마침내 글자로 뜻을 펼치지 못한다. 따라서 내가 이를 불쌍히 여겨 새롭게 28자를 만들었으니, 이제 백성들은 쉽게 익히고, 날마다 사용하는 데 있어 편안하기 바란다.”

이를 다시 쉽게 간추려 보자. '훈민정음'의 서문에서 세종은 훈민정음을 창제하게 된 목적을 밝히고 있다. 즉 표기 수단을 갖지 못한 백성들에게 비로소 표기 수단을 갖도록 하는 것이 목적임을 밝히고 있다. 구체적 설명은 다음과 같다.

① 우리나라의 어음(語音)이 중국어와 달라서 한자로서는 서로 소통이 어렵다.

② 일반 대중은 말하고자 하는 바가 있어도, 마침내 글자로 그 뜻을 펴지 못하는 사람이 많다.

③ 내(세종)가 이를 딱하게 여겨서, 새롭게 28자를 만들었다. 모든 사람이 쉽게 익히고 날마다 쓰는 데 있어서 편하도록 하고자 한다.

위의 간추림으로 한글 창제에서 밝힌 『훈민정음 해례본』의 이해는 충분하겠지만, 몇 개의 궁금함은 남는다. 글자의 가로쓰기와 띄어쓰기가 없는 점은 그나마 짐작할 수 있으나, 오늘날 사용하지 않는 글자의 모양과 글자 왼쪽에 있는 방점은 생경하다. 먼저 처음 한글의 낱자가 28자로 닿소리 17자와 홀소리 11자로 이루어졌으나, 오늘날은 쓰이지 않거나 없어진 글자가 있어 24자로 바뀐 것이다. 즉 닿소리 ㅿ(반시옷), ㆁ(옛이응), ㆆ(여린히읗)과 홀소리 ·(아래아) 등이 소실되면서 즉 닿소리 14자, 홀소리 10자로 줄어들었다.

다음은 소리의 높낮이이다. 한글은 알다시피 표음문자(表音文字 phonetic alphabet)에 속한다. 문자로 소리를 규정하는 한 가지 방편으로 점을 사용한 것이다. 중국어의 사성(四聲)이나 영어의 인토네이션 Intonation에 비교될 수 있다. 현재 우리말의 표준발음에는 소리의 길이, 즉 길고 짧음만 있지 높낮이는 없다. 그러나 한글을 만들 때는 말의 높낮이를 세 가지로 구분하였다. 각 음절은 '높음, 낮음, 높아감'으로 구분하였다. 낮은 소리는 평성(平聲)으로 '점'을 찍지 않고, 높은 소리는 거성(去聲)으로 글자 왼쪽에 점을 하나, 또 낮은 데서 높아가는 소리는 상성(上聲)으로 점을 둘 찍도록 했다.[7] 당시 말의 입체감을 글자로 살리는 데 있어 치밀하게 유의한 것이다.

---

7 『훈민정음 언해본』에 따르면, 중세국어 각 음절의 높낮이를 보이기 위해 그 글자의 왼쪽에 둥근 점을 표시하는 훈민정음의 표기법을 의미한다. 『훈민정음 해례본』에 자세한 표기 규칙과 구체적인 예가 실려 있다.
참조; 한국민족문화대백과, www.encykorea.aks.ac.kr.(한국학중앙연구원편찬)

2. 한글의 띄어쓰기와 가로쓰기

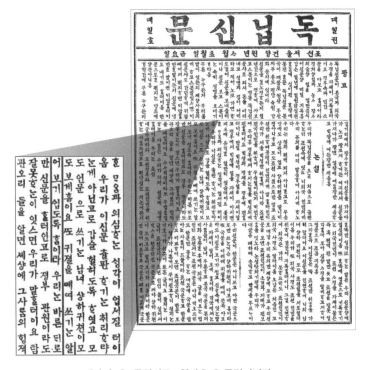

[사진 3] <독립신문> 창간호 ⓒ 독립기념관

한글은 비교적 짧은 역사를 거치면서, 많은 변천을 거듭하였다. 그러나 오늘날처럼 띄어쓰기와 가로쓰기가 본격적으로 이루어진 것은 해방 이후였다. 먼저 띄어쓰기는 1877년 영국인 목사 로스(John Ross; 1842~1915)와 이응찬이 함께 펴낸 『조선어 첫걸음(Corean Primer)』[8]

___
8 부제는 'being lessons in Corean on all ordinary subjects, transliterated on the principles of the "Mandarin primer" by the same author Ross, John'이다. 이는 당시 중국에서 선교활동을 하던 시절에 한국에서 활동할 선교사 및 외교관을 위한 펴낸 한국어 회화서였다. 그리고 상하이에 있는 <미국 장로교 선교회 활판소>, 즉 Shanghai: American Presbyterian Mission Press에서 인쇄되었다.

이 첫 번째 사례이다. 이후 1896년 서재필, 주시경, 미국인 헐버트 (Homer Bezaleel Hulbert; 1863~1949) 등이 만든 민간신문 <독립신문>의 한글 판에서 최초로 띄어쓰기를 했다. 1896년 4월 7일 창간호 1면에 실린 논설에서 이를 확인할 수 있다. "…모두 언문(한글)으로 쓰는 것은 남녀 상하귀천이 모두 보게 함이요, 또 구절을 띄어 쓰는 것은 알아보기 쉽도록 함이다."

이어 1933년 조선어학회가 만든 '한글맞춤법통일안'이 나오면서부터 띄어쓰기는 보편화된다. 띄어쓰기의 역사는 대략 140년이 된다. 세종의 한글창제에 비추면, 대략 500년이 지난 후의 일이다.

일반적으로 '세로쓰기'에서 글의 구성은 위에서 아래로 쓰면서, 문장은 오른쪽에서 왼쪽으로 이어진다. 오늘날 '가로쓰기'에서 글의 구성은 왼쪽에서 오른쪽으로 쓰면서, 문장은 위에서 아래로 이어진다.

17세기 초 최초의 한글소설인 허균(1569~1618)의 『홍길동전』을 살펴보면, 그 차이점을 확인할 수 있어 흥미롭다. 원전을 보면, 위에서 아래로의 '세로쓰기'로 이어지는 문장은 오른쪽에서 왼쪽으로, 그리고 띄어쓰기가 없음을 알 수 있다.

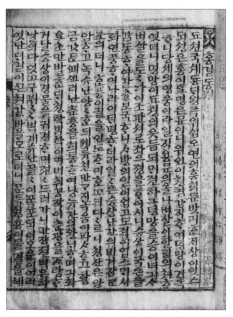

[사진 4] 『홍길동전』 원본 ⓒ 한국민족문화대백과사전

이를 보다 쉽게 읽힐 수 있도록 가로쓰기와 쉼표 등 문장부호를
사용한 경판 24장본을 비교해보자.

> 화셜 됴션국 세종됴 시절의 흔 지샹이 이시니, 셩은 홍이
> 오, 명은 뫼라. 디디 명문거족으로 쇼년등과ᄒᆞ여 벼슬이 니죠판
> 셔의 니르미, 물망이 됴야의 웃듬이오, 츙효겸비ᄒᆞ기로 일홈이
> 일국의 진동ᄒᆞ더라. 일즉 두 아들을 두어시니, 일즈ᄂᆞᆫ 일홈이
> 인형이니 뎡실 뉴시 쇼셩이오, 일즈ᄂᆞᆫ 일홈이 길동이니 시비 츈
> 셤의 쇼셩이라.[9]

---

9 『홍길동전 경판』 24장본, 한국고전문학전집 25, 김일렬 옮김, 고려대학교 민족문화연구원,
1996.

한글은 연산군 때인 1504년의 투서사건 이후 개화기까지 약 4백 년을 언문시대로 구분했을 만큼 조선의 지배문화에서 소외되었다. 더구나 임진왜란 이후 17세기에도 전쟁과 자연재해가 잇따라 전개되는 암울한 시대는 계속되었다. 공식적인 언어문자의 교육이 없었기에, 더구나 자신의 생각과 마음을 표현할 수 없는 시대적 상황으로 인해 한글은 주로 서민과 여성들에 의해 전승되었다. 한문을 모르는 계층이라는 점에서 양반 신분의 여성들도 서민과 같은 입장이었다. 따라서 아녀자와 서민층이 익힌 언문 사용과 철자법은 개개인에 의하여 임의로 쓰이면서 수 세기가 흘렀다.

이런 여건 속에서 앞서 언급한 『홍길동전』과 같은 한글 소설이 오늘날 주목을 받았지만, 문학이 아닌 일상적인 문화라는 측면에서 많은 한글의 기록 역시 끊임없이 이어졌다. 그 가운데 특기할 만한 저술이 바로 장계향의 『음식디미방(飮食知味方)』[10]이다. 이를 연구하고 집대성한 정동주의 저서[11]는 시사하는 바가 매우 크다. 특히 '살아남은 한글'이라는 관점에서 보면, 기념비적인 기록이자 훌륭한 업적이다. 다른 한편으로 오늘날 '한류'의 핵심적인 영역에서 '한국의 음식'이 갈수록 인기를 얻고 지속적인 관심을 받는 역사적 문화적 배경에

---

10 여기서 한글 '디미'는 한자 '知味'로 '예민한 미각으로 맛을 아는 것'을 뜻하며, 약이나 음식을 만드는 방법을 뜻하는 '방문(方文)'을 줄여 '방(方)'으로 저술의 제목이 정해졌다. 그리하여 조선시대 궁중 수라간에서 임금이 먹을 음식을 미리 맛보는 일을 일컬어 '지미하다'라고 말한다.
참조: 1) 정동주(지은이), 『장계향 조선의 큰 어머니』, 한길사, 2019, 521~524쪽.
      2) 이희승(편저), 『국어대사전』, 민중서림, 1982, 3461쪽.

11 1) 정동주(편역), 『여중군자(女中君子) 장계향 행실기』, (사)여중군자 장계향 선양회, 2020.
    2) 정동주, 『장계향 조선의 큰 어머니』, 한길사, 2019.

는 이러한 팩트가 숨겨져 있었다. 해외에서 한류의 바람을 불러일으키는 실질적인 토대를 마련한 대하드라마 《대장금(大長今)》[12]은 궁중음식을 바탕한 것이지만, 맥락은 같은 것이다. 즉 먹고 살아가는 일이 삶의 실상이기 때문이다.

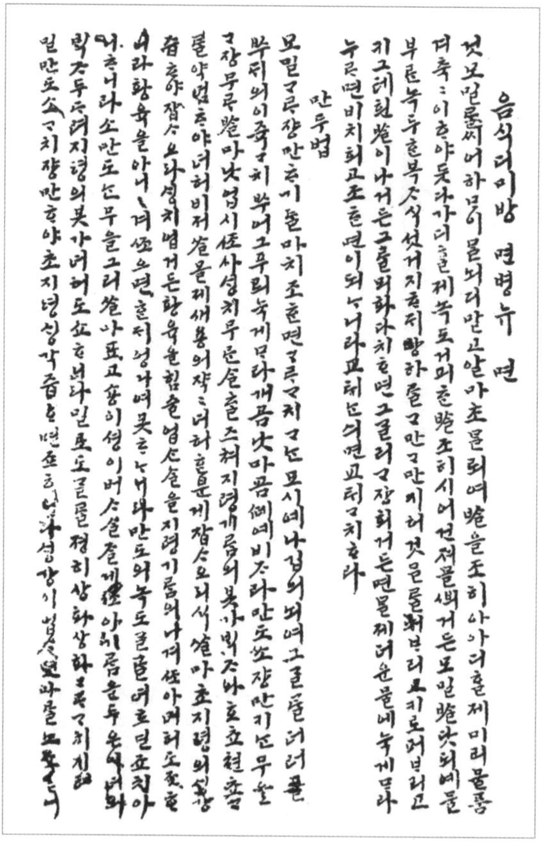

[사진 5] 『음식디미방』 원본 영인본 ⓒ 『여중군자 장계향 행실기』

12　MBC TV가 조선시대 궁녀 '서장금'이 의녀까지 이르는 과정, 그리고 '장금'의 사랑과 성장을 다룬 사극 드라마(방영 2003.9.~2004.3., 54부작)이다. 음식문화에 대한 새로운 정보, 즉 궁중요리를 중심으로 그 종류와 조리방법이 자세하게 소개되었고, 아울러 보양식을 포함한 한국 고유의 전통음식에 관한 정보를 시청자들에게 제공하였다.

1670년 나이 73세 여름에 완성된 『음식디미방』은 17세기 조선의 중세언어는 물론 한문으로 표기되어 온 고유명사들까지 한글로 표기했다. 그가 열 살 전후에 초서로 쓴 '학발시(鶴髮詩)'는 물론 '소소음(蕭蕭吟)'과 '성인음(聖人吟)'같은 한시(漢詩)에서도 알 수 있듯이, 이후 완벽하게 한문을 구사했으며, 덕과 학식 또한 매우 깊고 높았다. 그럼에도 불구하고 이웃한 일상의 모든 것들이 조선의 밤낮과 사계절의 아름다움을 먹고 자란다는 인식을 바탕으로 언문(한글)으로 맨 먼저 음식을 만드는 조리법을 저술하였다. 최초의 '한글요리서'이며, 아시아에서 여성이 저술한 가장 오래된 요리서이기도 하다.[13]

　　일찍이 세종이 한글을 창제하여 반포한 때 훨씬 이전부터 오랫동안 한문을 지식인의 유일한 표현수단으로 삼았던 탓에, 조선시대 한글에 대한 탄압 정치와 멸시는 단호하고 집요하게 줄기차게 이어졌다. 이는 조선이 끝나고 일제 강점기의 일본어, 해방 이후 영어 지상주의에 빠져있던 정치·지식인들과 크게 다를 바가 없다. "언문에 깃든 절제된 아름다움과 도덕적 용기가 내포된 조선문화의 정체성이 음식으로 만들어져, 정치의 이상세계와 음식이 지닌 인류애적인 의미가 절묘하게 조화할 수 있었다"[14]고 정동주는 '음식-정치-언어'를 한테 묶어서 함의적으로 가늠했다.

　　이러한 한글의 변천 과정을 제대로 이해하며 한국어를 공부하는

13　정동주(편역), 『여중군자 장계향 행실기』 (사)여중군자 장계향 선양회, 2020. 원본은 경북대학교 도서관에 소장 중이며, 2010년 국가등록문화재로 인정되었다.

14　정동주, 『장계향 조선의 큰 어머니』 한길사, 2019, 523쪽.

외국인은 드물 것이다. 따라서 그들에게는 한글의 고문체와 어휘의 의미 변천 및 오늘날 한국어와 사뭇 다른 표기에 관한 교육이 필요하다. 다른 한편으로 유럽인 그들 역시 고딕체와 프락투어체 등을 비롯하여 자신들의 모국어의 원형에서 비롯하여 알파벳의 변천 과정을 거쳐 오늘날 편리한 글자를 읽고 이해하고 사용하고 있음을 잘 알고 있다.

그렇다면, 한글의 가로쓰기는 언제부터일까? 위의 독립신문 또한 띄어쓰기와 홀소리 '아래아'의 사용이 여전히 이어지는 세로쓰기 구성임을 알 수 있다. 한국인으로서 펴낸 책 가운데 최초의 가로쓰기, 즉 왼쪽에서 오른쪽으로 쓴 문헌은 1895년 『국한회화(國韓會話)』이다. 이후 1945년 미군정 학무국의 '조선교육심의회'에서 일본어식 세로쓰기, 즉 위에서 아래로 쓰기 대신 가로쓰기를 결정한다. 본격적으로 가로쓰기는 광복 이후부터 시작되었다.

3. 살아남은 한글

세종은 첫머리에 훈민정음 창제의 목적을 밝히고 있다. 그렇지만 먼 훗날 한글학자들도 해례본이 없었기 때문에 창제의 원리는 추측할 수밖에 없었다. 그래서 고대 글자 모방설, 고전(古篆) 기원설, 범자(梵字) 기원설, 몽골문자 기원설, 심지어는 화장실 창살 모양의 기원설까지 의견이 분분했다. 이런 해석들은 일제강점기의 일본 어용학자들의 주장이었다. 특히 1937년 일본은 만주를 침략하고 중일전쟁을 일으키고, 아시아 대부분을 장악한 후 1941년 12월 7일 진주만을 공습함으로써 전장을 태평양 너머까지 확장시켰다. 일제는 전시체제를 강화하는 한편 한국인의 민족의식과 저항 의식을 잠재우기 위해서 특단의 조치를 취했다. 식량배급제가 강화되고 일제의 수탈은 혹독해졌다. 이러한 역사적 상황을 우리는 일제의 '민족말살정책'이라고 배웠다.

내선일체, 황국신민, 창씨개명, 일선동조론, 신사참배 등 방법도 다양했지만 무엇보다 그 질이 불량했다는 점이 문제였다. 그중 가장 악랄했던 정책은 우리말과 글에 대한 탄압정책이었다. 1942년 12월 일본어 사용에 반하여 한글을 연구하는 학술단체의 임원 33인을 투옥한 '조선어학회' 사건이 발발했다. 이때 이윤재, 한징과 같은 인물은 옥사하기까지 했다.

하나의 나라, 올바른 민족정신을 담는 그릇은 바로 그들의 언어다. 언어가 사라진다는 것은 세계를 바라보는 방법, 즉 세계관이 사라진다는 뜻이다. 일제는 진정으로 우리 말과 글이 사라지길 바랐다. 18세기 조선의 실학 연구자들은 중국의 중화사관으로부터 탈피하여 우리 고유의 문물과 사상 연구를 본격화했다. 이때 실학자들의 학문적 성과가 바로 훈민정음 언해본의 발견이었다. 훈민정음 언해본은 훈민정음 원본인 해례본을 한글로 풀어 쓴 것이다. 일제는 18세기에 만들어진 위작이라는 등 언해본 자체의 진위를 허구로 몰아갔다. 그렇기에 일제는 해례본을 찾느라 혈안이 되어있었다. 해례본을 없앤다면, 조선 초까지 소급되는 세종조의 한글 창제의 신화는 물거품이 될 수 있으며, 우리 정신을 담는 그릇의 뿌리와 기원이 허구화될 수 있는 긴박한 상황이었다.

간송 전형필 선생은 1940년대 초기에 이미 우리나라를 넘어 동북아시아에 이름이 알려진 대수장가였다. 간송은 김태준이라는 당시의 가장 영향력 있는 사회주의 국문학자로부터 해례본의 실존 소식을 접한다. 당시 일제는 조선에서 발생하는 민족주의와 사회주의를 타파해야 할 대상으로 인식했다. 『훈민정음 해례본』의 발견은 일제로서는 있어서는 안 되는 사건이었다. 더군다나 간송은 문화적 민족주의의 대명사였고, 김태준 역시 일제로서는 위험하기 그지없는 사회주의자였다. 이 둘이 만난다는 것은 너무 눈에 띄는 일이었다. 그럼에도 불구하고 간송은 위험을 무릅쓰고 『훈민정음 해례본』을 찾는 데 사활을 걸었다.

눈물겨운 노력으로 『훈민정음 해례본』의 실체가 간송의 품으로 왔으며, 비밀리에 지켜오다 해방 후 조선어학회 간부들을 불러 한글 연구를 위해 영인본을 만들며 세상에 공개된다. 이 실체는 우리의 언어가 인체 발음기관을 상형화한 사실을 정확히 알려주었다. 백성을 위해서 기획적으로 언어를 창제한 인류 역사상 최초의 일이며, 특히 발음기관을 본떠 만든 최초의 언어로 기록된다. 언어를 만든 목적과 유래, 사용법, 그리고 창제의 세계관을 동시에 밝히면서 제작된 인류 역사상 유일무이한 진기록으로 남게 되었다. 1962년 12월 해례본은 국보로 지정된다. 그리고 1997년 10월 유네스코(UNESCO) 세계기록유산으로 등재된다.

4. 옥스포드 영어사전의 한국어

2021년 9월 역사와 권위를 자랑하는 영국의 옥스포드대학 출판부에서 발간하는 '옥스포드 영어사전Oxford English Dictionary(이하 OED)'은 최신 업데이트에서 한국어에서 유래하는 새로운 영어 표제어를 한꺼번에 26개를 등재했다고 밝혔다. 이는 한국에서도 많은 관심을 끌었다. 아니, 한국어의 위상이 어떻게 이렇게 높아질 수 있단 말인가, 할 정도로 궁금함과 동시에 한글에 대한 자부심을 완전히 새롭게 갖는 계기가 되었다. 그러나 차분하게 말해서, 영어의 어휘가 늘어나는 데 있어서 한국어가 필요한 만큼 일부 외래어로 수용된 것이다.

이를 일목요연하고 보기 쉽게 도표로 소개한다.

옥스포드 영어사전(OED) 등재 한국어 유래 표제어 2021년 9월			
aegyo	애교	kimbap	김밥
banchan	반찬	Konglish	콩글리쉬
bulgogi	불고기	Korean wave	한류
chimaek	치맥	manhwa	만화
daebak	대박	mukbang	먹방
dongchimi	동치미	noona	누나
fighting	파이팅	oppa	오빠
galbi	갈비	PC bang	PC방
hallyu	한류	samgyeopsal	삼겹살
hanbok	한복	skinship	스킨십
japchae	잡채	tang soo do	당수도
k-, comb	K-복합어	trot	트로트
k-darma	K-드라마	unni	언니

이처럼 한국어에 뿌리를 둔 새로운 영어 표제어 26개가 OED에 새로 등재되었다. 자세히 살펴보면, 놀랍다. 2013년까지만 해도 21만 8,600여 개의 표제어標題語; headword 가운데 한국어에서 비롯된 어휘는 겨우 10여 개에 불과했다. OED는 최근 공식 홈페이지를 통해 영어사전에 등재될 새로운 영어 단어 1,650개를 발표했는데, 이 가운데 한국어에서 기원한 단어 26개는 별도 배포한 보도자료를 통해 소개할 정도로 특별한 대접을 받았다. 깜짝 놀랄 만한 뉴스다. 왜냐하면, 우리는 우리를 너무 몰랐거나, 무시했으니까.

한마디로 '대박daebak'이었다. 그만큼 한국 문화의 저변이 급속도로 전 세계에 확산되면서, 동시에 영어 문화권의 중심에 들어선 결과로 보인다. 이를 좀 더 구체화하면, 흥미로운 부분도 많다. 특히 옥스포드대 출판부는 "한국 대중문화가 국제적 인기를 얻으면서 모든 것에 'K-'라는 접두사가 붙는 것 같다"면서 "한국 스타일은 이제 '쿨함'의 전형으로 여겨지고 있다"고 소개했다.[15]

여기서 옥스포드 출판부에서 이와 관련 소개한 보도자료의 원문 첫 부분을 살펴보자.

---

15 이어지는 내용은 4부 'OED의 한국어와 표준국어대사전'에서 자세하게 다루고 있다. 이와 관련한 내용은 옥스포드출판부 홈페이지에 소개된 것을 보다 알기 쉽게 풀이하고 보충하였음을 밝힌다.

Daebak! The OED gets a K-update

K-pop, K-drama, K-beauty, K-food, K-style—these days, everything seems to be getting prefixed with a K- as South Korea's popular culture continues to rise in international popularity. South Korean director Bong Joon-ho's film Parasite made history by becoming the first non-English-language film to win a Best Picture Oscar, K-pop acts like BTS and Blackpink are global music superstars with legions of devoted fans, Korean beauty products are flying off the shelves everywhere in the world, and Korean style is now seen as the epitome of cool. We are all riding the crest of the Korean wave, and this can be felt not only in film, music, or fashion, but also in our language, as evidenced by some of the words and phrases of Korean origin included in the latest update of the *Oxford English Dictionary*.

대박! 옥스포드 영어사전 K-업데이트하다

K-pop, K-드라마, K-뷰티, K-푸드, K-스타일—요즘, 모든 분야를 걸쳐 한국의 대중문화가 국제적인 인기를 얻고 계속 상승함에 따라 K-로 접두사가 붙은 것처럼 보인다. 한국의 봉준호 감독의 영화 <기생충>은 최우수 작품상을 수상한 최초의 비영어권 영화가 됨으로써 역사를 썼다. '방탄소년단'과 '블랙핑크'와 같은 케이팝 가수들은 수많은 헌신적인 팬들을 가진 세계적인 음악 슈퍼스타들이고, 한국의

뷰티 제품들은 전 세계 어디에서나 판매되고 있다, 그리고 한국 스타일은 이제 '쿨'의 대명사로 여겨지고 있다. 우리 모두는 한류의 절정을 타고 있으며, 이것은 영화, 음악, 패션뿐만 아니다. 우리 언어에서도 느낄 수 있는데, 옥스포드 영어 사전의 최신 업데이트에 포함된 한국어 기원의 단어와 구절들 중 일부에서 증명되고 있다.

한글을 창제한 세종은 이러한 미래를 짐작이나 했을까? 아니, 한국어를 모국어로 사용하는 오늘날 우리도 이러한 변화를 예측할 수 있었을까. 그러나 위 소개는 현재 영국에서 받아들이는 외래어로서의 사전적 규정과 해설이다. 이를 사전학적으로만 이해한다면, 언어가 갖는 속성인 생성소멸의 과정을 쉽게 등한시하는 것이다.

영어권이 아닌 다른 언어권에서는 오늘날 한국어에 대해 어떠한 반응과 수용이 이루어지고 있을까? 국가적 차원에서의 조사와 연구가 필요하다고 본다. 그러나 일방적으로 문화적 차원에서 접근하기보다는 무엇보다 제정적 차원이 가장 근본적이어야 하지 않을까. 한 나라의 언어가 가질 수 있는 힘은 유기적 종합적 연관을 필요로 한다. 다양한 영역에서 한글에 대한 진단과 대응 및 대안을 위한 순수학문적 연구와 조사가 필요하다는 주장이다.

다른 한편으로 간명한 이유는 따로 있다. 때때로 많은 관심을 받고, 그러한 영향으로 동시대적으로 필요한 만큼의 어휘는 생겨나고,

사용되고, 잊히고, 사라지는 언어의 역사는 개인의 사회적 일상과 크게 다르지 않다. 각 나라의 사전에 실리는 어휘 역시 언어적 속성, 즉 '생성-발전-변천-소멸'이라는 과정을 피할 수 없기 때문이다. 그럼에도 불구하고, OED의 새로운 어휘로 OED에 등재되는 것은 문화뿐만 아니라, 다른 분야에서도 주목받는다는 공식적인 인증을 뜻한다.

넘쳐날 정도로 외국어로 오염되는 오늘날 한국의 언어적 현실에서 보면, 격세지감(隔世之感)이지만, 만시지탄(晚時之歎)을 피할 수 있는 사건에 가깝다. 서로 상반되는 느낌은 어디서 연유할까? 우리의 역사적 질곡은 물론 시대를 관통하면서 겪는 지정학적 운명과도 같은 한반도에 뿌리를 둔 한글의 놀라운 잠재력이다.

철저한 자기반성과 새로운 다짐의 동기는 이미 알고 있는 나 자신이나 우리보다는, 남으로부터이다. 타자를 통한 객관적 확보이다. 허나, 이게 쉽지 않다. 해서 필요하면, 남을 끌어들인다. 필요하지 않으면, 본체만체한다. 그러나 결국은 필요와 불필요가 그 경계를 허물 때는 남을 찾는다. 논리적 비약일지 모르겠지만, 예를 들어 앞서 언급한 선진 OED를 제대로 이해하거나 알지 못한다면, 오늘날 우리가 사용하는 '한글'의 민낯도 부끄럽지 않게 여길 수밖에.

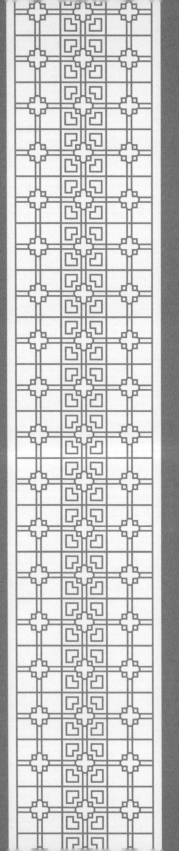

2 부

가장 아름다운 한글은 무엇일까?

나랏말ᄊᆞ미 中듕國귁에 달아
文문字ᄍᆞ와로 서르 ᄉᆞᄆᆞᆺ디 아니ᄒᆞᆯᄊᆡ
이런 젼ᄎᆞ로 어린 百ᄇᆡᆨ姓셩이
니르고져 홇배이셔도
ᄆᆞᆺ내 제ᄠᅳᆮ을 시러펴디
몯훓노미 하니라
내이ᄅᆞᆯ 爲윙ᄒᆞ야 어엿비너겨
새로 스믈여듧字ᄍᆞᄅᆞᆯ 밍ᄀᆞ노니
사ᄅᆞᆷ마다 히ᅇᅧ수ᄫᅵ니겨 날로ᄡᅮ메
便뼌安ᅙᅡᆫ킈ᄒᆞ고져 ᄒᆞᇙᄉᆞᄅᆞ미니라

가장 아름다운 한글은 무엇일까?

한국어를 가르치는 대학과 학과는 전 세계적으로 늘어나고 있다. 한국국제교류재단이 공개한 '세계한국학지도'[16]에 따르면, 2007년에는 55개국 632곳에서 한국어학과가 개설되었으며, 2017년 말 현재에는 105개국 1,348곳으로 늘었다. 이러한 증가는 한류 확산과 함께 한국의 국제적 위상이 높아진 결과로 분석된다. 또한, 학위 과정을 운영하는 대학도 2007년에는 55개국 297곳에서 2017년에는 87개국 464곳으로 증가했다. 이러한 교육기관들은 한국어뿐만 아니라 한국의 역사, 문화 등과 관련된 다양한 분야를 가르치는 역할을 하고 있다. 이와 같은 실정에서 필자의 관심은 한국학에서 가장 기본이랄 수 있는 한국어에 대한 긍지에서 출발했다.

그렇다면 외국인이 바라보는 한국어의 첫인상은 어떠한지 단편

---

16 한국국제교류재단(Korea Foundation, KF)에서 발행하는 한국학지도(Korean Studies Atlas)는 전 세계 한국학의 현황을 한눈에 볼 수 있도록 제작된 자료이다. 이 지도는 글로벌 한국학의 연구와 교육상황을 체계적으로 정리하여, 한국학의 국제적 확산을 도모하고 지원하기 위한 목적으로 제작된다.

    1) 한국학 기관 및 프로그램 현황: 전 세계 주요 대학과 연구기관에서 운영 중인 한국학 관련 학과, 연구소, 프로그램 등에 대한 정보를 제공한다. 이는 한국어 교육, 한국 역사와 문화 연구, 현대 한국 사회와 정치 등에 대한 교육 프로그램을 포함하고 있다.

    2) 지역별 한국학 분포: 아시아, 북미, 유럽, 중남미, 중동 및 아프리카 등 지역별로 한국학의 분포와 특성을 분석한다. 이를 통해 각 지역에서 한국학이 어떻게 발전해 왔고, 현재 어떤 상태인지 파악할 수 있다.

    3) 연구 및 출판 활동: 한국학 관련 주요 연구 주제와 출판물, 학술지 등에 대한 정보를 제공하여, 연구자들이 서로의 연구를 참고하고 협력할 수 있도록 돕는다.

    4) 지원 프로그램: 한국국제교류재단에서 제공하는 다양한 지원 프로그램과 장학금 정보도 포함되어 있다. 이를 통해 한국학 연구자들과 학생들이 필요한 지원을 받을 수 있도록 안내한다.

적으로 들여다보자. "가장 아름답거나 인상에 남는 한국어는 무엇입니까?"라는 물음에 답한 어느 라트비아 대학생의 글을 소개한다. 한국어와 영어 모두 학생이 직접 쓴 글이다.

가장 아름다운 또는 인상적인 한국어[17]

새로운 언어를 배우는 것은 항상 도전적이다, 특히 이전에 배운 것과 완전히 다를 때. 한국어를 배우기 시작하면서부터 힘들기도 했지만, 이 언어는 정말 좋다. 그것은 문화를 이해하고 역사와 원주민의 심리를 더 잘 이해하는 데 많은 도움을 준다.

모든 언어는 특별한 점이 있지만 그중에서 한국어를 배우는 언어가 제일 재미있다. 어떤 것들은 이해하기가 더 쉽지만 어떤 것들은 더 나은 이해를 얻기 위해 정말 생각하고 어떤 자원들을 사용해야 한다.

지금으로선 한국어로 된 단어들을 꽤 많이 배웠을 것이고 그 중 많은 단어들이 저의 관심을 끌었을 것이라고 확신한다. 저에게 인상 깊었던 한국어로 단어를 생각해보니 가장 먼저 떠오른 세 단어가 있다.

Learning a new language is always challenging, especially when it is completely different from the ones you learned before. Since I started learning Korean it was hard sometimes but I absolutely love this

---

17 이 놀라운 감상평은 2023년 5월 라트비아대학 아시아학과 2학년(4학기) 학생 옐리자베타 이바노바(Jelizabeta Ivanova)의 글을 한두 가지 사소한 수정 외에는 원문 그대로 실은 것이다.

language. It helps a lot with understanding the culture and get a better understanding of history and natives' mentality.

Every language has something special about it but out of all the languages I have been learning Korean is the most fascinating one. Some things about it are easier to understand but some require you to really think and use some resources to get a better understanding.

For now, I am sure I have learned quite a lot of words in Korean and many of them caught my attention. Here are 3 words that came first to mind when I had to think about words in Korean that impressed me:

1. '마음'

대학 시절 강의에서 처음 듣는 단어인데, 그 단어가 무슨 뜻으로 쓰였는지 잘 몰라서 혼동했다. 그것은 특정한 하나의 번역이 아니라 오히려 의미를 가지고 있다. 그것은 맥락에 따라 다르게 인식될 수 있고, 느낌에 대해 이야기할 때 넓은 범위를 제공한다.

The first time I heard this word during our lectures in university it confused me because I couldn't really understand the meaning of the phrase it was used in. It doesn't have one specific translation but rather a meaning. It can be perceived differently according to context and gives you a broad range of use when talking about feelings.

2. '모습'

한국어를 배우다가 또 한 번 놀란 말이 있다. 다시 말씀드리지만, 처음에는 그 단어의 문자 그대로 번역된 것이 강의 중 한 시간에 우리가 문자로 썼던 문장의 맥락에 맞지 않아 저를 혼란스럽게 했다. 이것은 여러 의미를 가진 단어들 중 하나이고, 그래서 그것을 번역하는 것이 그것을 이해하는데 큰 의미가 없을 것이다. 나는 이 단어가 이전의 단어보다 더 넓은 의미와 용례를 가지고 있다고 생각하는데 그것은 아직도 나를 놀라게 한다. 특히 놀라운 것은 한국인들이 이 단어의 정확한 의미를 상황에 상관없이 항상 이해할 수 있다는 것이다.

Another word that surprised me while learning Korean. Again, at first it confused me because literal translation of the word did not fit in the context of the sentence, we had in a text during one of our lectures. This is one of those words that has multiple meanings and that's why just translating it wouldn't make much sense in understanding it. I think this word has even broader range of meanings and usage than the previous one and that still surprises me. Especially surprising is how Koreans are always able to understand the exact meaning of this word no matter the situation.

3. '눈치'

이 단어는 정확한 번역이 없을 뿐만 아니라, 그것이 무엇을 의미하는지에 대한 정확한 설명도 없기 때문에 나에게 한(恨)과 같은 레벨에 있다. 이 두 단어 모두 저에게 상당히 특이한 것을 의미한다. 저는 한 단어가 전체 현상을 대표할 수 있다는 생각을 해본 적이 없다. 이 단어들의 의미와 그들이 묘사하는 현상까지도 제대로 이해하려면 시간이 필요하다.

This word stands on the same level as 한 for me as it not only doesn't have precise translation, it doesn't really have a precise description of what that really means. Both these words stand for something quite unusual for me as I have never before thought that one word can stand for a whole phenomenon. It takes time to really understand the meaning of these words and even the phenomenons that they describe.

필자로서는 무척 놀라웠다. 2018~2023년 동안 학생들에게 이러한 물음을 던졌다. 나름 한국어 배움에 대한 자신들의 동기를 확인시키면서, 동시에 조사와 분석을 꾀하려는 데서 발견하는 의외의 사실들이 널려 있었기 때문이다. 그가 선택한 세 개의 단어 모두 추상적인 의미를 갖지만, 어쩜 오늘날 한국인의 정서를 제대로 대표하지 않는가! 그 가운데 '눈치'가 눈길을 끌었다. 한국인들끼리 흔한 말로 "눈치 없는 게 인간이가?!" 말이 널리 쓰이고 있지 않는가? 이를 감지하는 개인적인 능력과 이를 함의적으로 적절하게 표현할 수 있는 쓰기 능력이 돋보인다. '마음'과 '모습'에서도 젊은이들이 쉽게 간과하는 온전한 서정의 기저를 발견하는 것 같아 사뭇 기뻤다.

다른 한편으로, 요즈음 ChatGPT, Google Translator, Naver Papago, DeepL 등이 외국어를 배우는 학생들에게는 최상의 선생이자 교수 역할을 하고 있음이다. 아직은 소리가 아닌 글의 영역에서 그렇다. 비록 이를 활용하더라도, 한국어와 영어를 병행하면서, 가장 적절한 표현을 마무리하는 것일지라도, 또한 학습자 간에 수준의 차이가 있더라도, 여기서 목적은 처음 접하는 한국어에 대한 느낌이다. 한국어의 테스트나 시험이 아니라면, 그들이 선정한 어휘에 주목할 수밖에 없다. 덧붙여 실제는 더 분명했다. 선정한 단어를 말로 설명하는 과정에서 그들은 자신의 인상을 쓴 글에 알맞게 표정과 눈빛으로도 표현했기 때문이다.

2부에서 다루는 '가장 아름다운 또는 인상적인 한국어'의 설문 대상자는 라트비아대학 아시아학과 학생들이며, 시기는 2020년 봄학기부터 2023년 봄학기, 즉 4년에 걸쳐 있다. 더 구체적으로 말하자면, 한국어를 대학에서 배운 지 2년, 학기로는 4학기에 이미 접어든 학생들이다. 담당 교수로서 확인한 또 다른 사실은 5년 전에 비해서 해가 갈수록 좋아하는 어휘가 달라지고, 다양하며, 낱개 단어에서 일상어,

문장으로까지 이어지는 경향이다. 기술의 발전에 기인하는 미디어 매체의 발달과 언제 어디서든 편리하게 한국어를 접할 수 있는 기회의 확장은 결국 자신의 관심과 노력에 달려 있기 때문일 것이다.

끝으로 옐리자베타 이바노바의 마지막 문장으로 여기를 가름한다.

"한국어를 배우는 것은 저에게 중요한 목표인 문화를 이해하는데 많은 도움이 되는 재미있는 여정이다. 한국어가 얼마나 다양할 수 있고, 기존에 사용하던 언어와 얼마나 다른 지 (아는 것을) 너무 좋아한다."

"Learning Korean is an interesting journey, and it helps a lot with understanding culture which is an important goal for me. I love how diverse Korean language can be and how different it is from the languages I am used to."

1. 인사하는 말

✧ 안녕하세요 (1)

내가 먼저 듣고 배운 첫마디 중 하나였어요. 나는 이것이 한국어에서 가장 아름답고 강력한 단어 중 하나라고 생각해요. 왜냐하면 그것은 문자 그대로 "to be well/peaceful"라는 뜻이기 때문이에요. 다른 나라를 방문할 때 가장 먼저 배우는 단어는 공손하게 인사하는 방법이에요.

It was one of the first words I heard and learned first. I think this is one of the most beautiful and powerful words in the Korean language. Because it literally means "to be well/peaceful". The first words you learn when visiting another country are how to greet someone politely.

✧ 네

처음 들었을 때 혼란스러웠는데, 한국어로는 '합의'를 의미하고, 라트비아어에서는 반대 단어인 ''아니오'처럼 들리기 때문이에요. 이것은 때때로 나를 곤경에 빠뜨리는데, 내가 자동적으로 '동의'의 한국말인 "네"이라고 대답할 수 있기 때문이다. 하지만 다른 사람들에게는 라트비아의 의견의 불일치 "Nē"처럼 들려요. 두 개의 다른 언어에서 어떻게 같은 소리가 나는 한 단어가 그 반대말을 의미하는지 흥미로워요.

The first time I heard it, I was confused, because in Korean it means "Yes", and in Latvian it sounds like the opposite word "No". This sometimes leads me to truble, because I can automatically answer "네", which is the Korean word for consent but for others it sounds like the Latvian disagreement "Nē". It is interesting how in two different languages one word that sounds the same means the opposite.

- 2020년 봄, 아델라이다 모랄레사-하리사Adelaida Moralesa–Harrisa

◈ 안녕하세요 (2)

인사의 말, 우리는 매일 말합니다. 이것은 새로운 언어를 배울 때 모두가 알아야 할 매우 중요한 단어입니다. 사람들은 인사없이 대화를 시작하지 않습니다. 나는 또한 TV 쇼에서 이 단어를 들었다. 매우 가볍고 기억하기 어렵지 않습니다.

We all have our own words, which we studied at the beginning. I don't know why we remember them till the end, that this word was the first, because we learn a lot of words. But if you ask yourself which word was the first you learned, you will answer immediately.

- 2020 봄, 다나 코제브니코바Dana Koževnikova

◈ 파이팅 (1)

내가 가장 좋아하는 단어 중 하나입니다. 처음에는 영화나 드라마에서 자주 접했는데, 나중에 의미를 확인하고 정말 재미있다고 생각했어요.

is one of the words that i like the most. First I heard about it in movies and dramas and later after hearing it so much I checked the meaning and thought that it is very interesting.

- 2021년 봄, 안니아 셀리나 슬레제Annija Selīna Slēze

◈ 사랑해

저는 드라마를 보는 것을 정말 좋아하고 그곳에서 그 단어를 자주 듣습니다. 이 단어는 열정적이고 부드럽고 달콤하게 들릴 수 있습니다. 제가 처음 배운 한국어 단어였습니다.

- 2021년 봄, 마리나 키릴로바Marina Kirilova

◈ 파이팅 (2)

제가 배운 가장 인상 깊었던 한국어 단어 중 하나는 '화이팅'입니다. 그 단어는 격려와 지지의 강력한 의도를 가지고 있고, 그것은 종종 큰 행사나 도전적인 것 앞에 사용됩니다. 여러분을 응원하기 위해 누군가가 "화이팅!"이라고 외치는 것을 들을 때, 여러분의 몸에 에너지와 결단력이 어떻게 솟구칠지 상상해 보세요. 저는 이 단어가 인상 깊었던 이유는 사회적 지지감이 우리의 정신에 어떤 영향을 미칠지 보여주면서, 성과를 향상시키고, 스트레스 수준을 낮추는 것으로 밝혀졌기 때문입니다.

One of the most impressive Korean words for me to learn was 화이팅(hwaiting). The word has a powerful intention of encouragement and support, and it is often used before a big event or something challenging. Just imagine how a surge of energy and determination runs through your body as you hear someone shout "화이팅!" to cheer you on. I was impressed by this word because it has been found that a sense of social support improves performance and lowers stress levels, demonstrating how it might influence our psyche.

◈ 안녕하세요 (3)

저에게 강한 인상을 남긴 또 다른 단어는 한국어로 '안녕하세요'를 의미하는 그것은 매우 큰 힘을 가지고 있기 때문에 대화의 시작이나 끝이 될 수 있습니다. 이 단어의 소리는 꽤 음악적이고, 기분 좋은 것이고, 문자 체계는 독특한 필체를 가지고 있습니다.

Another word that made a strong impression on me is 안녕하세요 (annyeonghaseyo), which means "hello" in Korean. It can be the beginning or end of a conversation because it holds so much power. The sound of the word is quite musical and pleasing, and the writing system has unique penmanship.

◈ 감사합니다

마지막으로, '감사합니다'라는 뜻의 한국어입니다. 이 단어는 감사와 감탄을 표시하기 위해 자주 사용되며, 한국 문화의 중요한 부분입니다. 감사를 표시하는 것을 배우는 것은 관계를 증진시키고 행복과 행복의 감정을 높이는 것과 같은 심리적 이점을 가질 수 있습니다. 그래서, 저에게, 이 단어는 단지 공손하고 이해하는데 도움이 될 수 있기 때문에 소중합니다. 이 단어를 알면 저는 저에게 새로운 어떤 차이점도 용납할 수 있다는 것을 보여줍니다

Finally, 감사합니다(gamsahamnida) is a word that means "thank you" in Korean. This word is frequently used to show appreciation and admiration, and it is an important part of Korean culture. Learning to show appreciation can have psychological benefits, such as enhancing relationships and raising feelings of happiness and well-being. So, for me, this word is dear just because it can help to be polite and understanding. It shows that, by knowing this word, I am tolerant of any differences that are new to me.

한국어를 처음 배우는 것은 지속적인 인상을 남기려는 새로운 소리, 상징, 단어, 그리고 의미로 가득 찬 신나는 모험이 될 수 있습니다. 모든 새로운 문법적 개념과 함께, 모든 새로운 단어들은 새로운 질문들과 때때로 내가 그것을 배우고 이해할 수 있는지에 대한 두려움을 불러일으킵니다.

Learning Korean for the first time can be an exciting adventure, filled with new sounds, symbols, words, and meanings that are about to leave a lasting impression. With every new grammatical concept, every new word arises new questions and sometimes fears about whether I can learn and understand it.

한국어를 배우는 것에 대한 첫 번째 생각은 우연히 저에게 다가왔습니다. 저는 사람들이 한국어로 말하고 있는 동영상을 보았고, 뭔가가 클릭되었습니다 - 저는 새로운 언어를 배우려고 했습니다. 그날 이후로, 저는 한국어의 아름다움과 힘을 알게 되었습니다.

The first thought about learning Korean came to me by accident. I saw a video where people were speaking in Korean, and something clicked - I was going to learn a new language. From that day forward, I was introduced to the beauty and power of the Korean language.

결론적으로, 한국어를 배우기에 가장 좋은 시기는 그렇게 하고 싶을 때이고 동기부여가 될 때입니다. 개인적인 연관성이나 동기를 찾는 것은 한국어의 아름다움, 한국어를 말하는 친구들이나 가족들과 교류하고 싶은 열망, 또는 새로운 것을 배우는 도전이든 간에 한국어를 배우는 것을 기억에 남고 만족스러운 경험으로 만들 수 있습니다.

In conclusion, the best time to learn Korean is when you want to and are motivated to do so. Finding a personal connection or incentive may make learning Korean a memorable and gratifying experience, whether it's the beauty of the language, the desire to interact with Korean-speaking friends or family members, or the challenge of learning something new.

다른 관점에서, 새로운 언어와 쓰기 시스템을 배우는 것은 뇌를 자극하고 새로운 신경 경로를 만들 수 있는데, 이것은 인지적인 이점이 있는 것으로 나타났습니다. 한국어를 배움으로써, 저는 두뇌, 지식, 그리고 지능을 계속 발전시킬 수 있습니다.

From a different point of view, learning a new language and writing system can stimulate the brain and create new neural pathways, which have been shown to have cognitive benefits. By learning Korean, I can keep developing my brain, knowledge, and intelligence.

- 2023년 봄, 그레타 굼벨레Grēta Gumbele

그렇다면, '파이팅'이 등재되어 있는 한국어와 영어 사전에서는 각기 어떻게 단어를 정의하고 있을까?

* **파이팅**(비교 화이팅), 감탄사

  운동 경기에서, 선수들끼리 잘 싸우자는 뜻으로 외치는 소리. 또는 응원하는 사람이 선수에게 잘 싸우라는 뜻으로 외치는 소리.[18]

* **fighting, int.**

  Esp. in Korea and Korean contexts: expressing encouragement, incitement, or support: 'Go on!' 'Go for it!'[19]

---

18 국립국어원(www.stdict.korean.go.kr), 표준국어대사전(참조일 2023년 5월 28일).

19 Oxford University Press, 옥스포드 영어사전, 2021.

2. 움직이는 말

◈ 살자

이 단어는 매우 흥미롭습니다. 그것은 희망과 유쾌함을 불러일으키지만, 동시에 그 단어에는 또 다른 측면이 있습니다. 이 단어는 두 음절로 구성되어, 당신이 그들을 교환(거꾸로 사용)하는 경우, 다른 단어를 얻을 - 자살. 이 단어는 완전히 반대입니다. 따라서 이 단어는 동시에 쾌활하고, 슬플 수 있습니다.

- 2021년 봄, 마리나 키릴로바Marina Kirilova

◈ 주다

이 단어는 나에게 '주다'는 의미로만 다가오지 않기에 인상 깊습니다. 이 단어는 '경이로움'을 의미하는 러시아어와 비슷하게 들리기에 주다라는 단어를 듣거나 읽을 때 경이로움이라는 느낌이 떠오릅니다. 새로 부여된 다른 의미 덕분에 나에게 특별합니다.

This word has left an impression on me because it not only has a meaning of 'giving' to me. As this word sounds similar to the russian word for 'wonder' the first thing I think of when I hear or read the word 주다 is giving a wonder. So in a way the word is speacial to me only because of the other meaning I gave it.

◈ 사자(사다)

이 단어는 나에게 특별한 의미가 있는 것은 아니지만, 단어를 배우는 방식에서 특별했습니다. '사자'라는 단어가 라트비아어로 '마을'이라는 단어와 비슷하게 들리기 때문입니다. 그래서 저는 '마을의 사자'라는 우스꽝스러운 뜻으로 단어를 기억했습니다. 비록 깊은 의미가 있는 문장은 아니지만, 한국어를 익히는 데 도움이 되었습니다.

The word does not have a special meaning to me, but the way that I learned the word was in a way speacial. The word **사자** sounds similar to the word 'village' in latvian, so I remembered the meaning of the word with a snetence '**사자** in sādža(village)' meaning lion in a village. Even though the sentance does not have a deeper meaning, it helped me to learn the meaning of the word in korean.

- 2021년 봄, 엘리자 마추카네Elīza Mačukāne

◈ 썸타다

역시 영어로 정확한 번역이 없는 단어이다. 사람들 사이의 관계에서 서로를 알게 되었지만 아직 진정한 관계가 형성되지 않은 기간을 의미한다. 한국인들은 '썸'이 영어 something(something is going on)에서 왔다고 생각하고, 타다 - go 따라갈 것이다. 이 기간 동안 유럽 문화에서 사람들은 보통 관계를 시작하기 전에 데이트를 한다. '썸원'이라는 한국어 추가도 있다. 서로를 더 잘 알고 자신의 애완 동물을 키우는 데 도움이 될 수 있는 질문에 답해야 하는 컵 게임과 같은 '다마고치'이다.

썸타다 is a word that also does not have exact translation in English. It means a period in relationships between people when they get to know each other but real relationships have not formed yet. Koreans think that 썸 comes from English word something (something is going on) and it will 타다 -go along. In European culture during this period people usually go on dates before they start relationships. There is also a Korean add which called "썸원". It is a Tamagotchi-like game for couples where you need to answer questions that can help to get to know each other closer and raise your own pet.

- 2023년 봄, 아나스타시아 고르벤코Anastasija Gorbenko

[사진 6] 다마고치 ⓒBANDAI
  '다마고치'는 일본어 '다마고(たまご;달걀)'와 영어 '워치(Watch;시계)'의 합성어 (1996).

◈ 좋아하다

우리가 한국어로 형용사(동사)를 배우기 시작한 1학년 때의 강의였습니다. 처음 봤기 때문에 그다지 인상적이지는 않았지만, 시간이 지나고 문장에 형용사(동사)를 더 많이 사용해야 했기 때문에 정말 인상적이었습니다. 이 단어는 많은 상황에서 사용할 수 있고 정말 기억하기 쉽습니다.

좋아하다(like). It was the 1st year lectures when we started to learn adjectives in Korean language. At first it was not as impressive, because I first saw it, but after some time past and I had to use more adjectives in my sentences found the word ~~really~~ impressive, because you can use this word in a lot of situations and it really easy to remember.

- 2023년 봄, 파울라 가일레Paula Gaile

◈ 비비다

음식 주제로 계속해서, 이 단어는 제가 가족들에게 처음 소개한 한국 음식 중 하나인 '비빔밥'이라는 단어에서 알았기 때문에 가장 배우기 쉬운 단어 중 하나였습니다. 그것은 제 가족과 그들이 한국과 한국의 문화를 즐기기 시작한 것에 대한 사랑스러운 추억을 담고 있습니다.

비비다- Continuing on the food topic, this word was one of the easiest to learn because I knew it from the word '비빔밥' which is one of the first Korean foods I introduced to my family. It holds lovely memories of bonding with my family and them starting to enjoy Korea and its culture.

- 2023년 봄, 안니아 테겐홀마Annija Thegenholma

[사진 7] 비빔밥

3. 꾸며주는 말

◈ 투명하다

English: to be transparent

Latviski: būt caurspīdīgam

언제: 작년에 찾았어요.

어디: 내가 가장 좋아하는 노래의 가사를 읽다가 찾았어요.

이유: 내 가장 좋아하는 노래는 방탄소년단 멤버 전정국의 노래 <Euphoria>예요. 이 노래의 가사를 너무 좋아해요. 그리고 그 가사에서 가장 먼저 기억나는 단어예요.[20]

- 2020년 봄, 에디타 제르베Edita Dzērve

◈ 달다

저는 이 단어가 우아하기 때문에 매혹적이라고 생각합니다. 그것은 간단한 맛을 묘사하지만, 매우 다채롭게 들립니다. 물론 그것은 대화, 노래 가사, 시에서만 볼 수 있는 아름다움입니다.

From such a plain base form one would never be able to know how beautifully it can bloom.

- 2020년 봄, 리에네 파블로비차Liene Pavloviča

---

20 "숨이 막힐 듯이 행복해져 / 주변이 점점 더 투명해져." _정국, <Euphoria> 가사 중에서.

◇ 귀엽다

이 단어의 영어 철자와 비슷한 점이 좋고 쓰는 방식도 마음에 들었습니다.

- 2021년 봄, 발레리아 게라시모바Valērija Gerasimova

◇ 아름다운

단어 자체가 매우 강하게 들리며 의미로는 아름다움을 뜻합니다. 처음 들은 것은 K-pop 노래 중 하나였는데 어떤 곡인지는 잘 모르겠습니다.

By itself the word sounds very strong and powerful and the meaning of it describes the beauty it holds. The first time I heard it was in one of the kpop songs but I'm not quite sure which one it was.

- 2021년 봄, 안니아 셀리나 슬레제Annija Selīna Slēze

◇ 아름답다

'아름답다'라는 뜻이지만, 약간의 시적인 '감촉'이 가미되어 있습니다. 이 단어를 배운 이후로 단어 자체가 매우 아름답게 들린다고 느껴집니다. 제가 두 번째로 좋아하는 한국어 단어라고 말하고 싶습니다.

The word itself means ''beautiful'', but with a little bit of poetic "touch'''. Ever since I learned this word, I found it beautiful. To me it sounds very beautiful itself. I would say this is my second favorite Korean word.

- 2022년 봄, 자네테 칼니나Žanete Kalniņa

◈ 푸르다

동시에 초록색과 파란색을 뜻해서 저한테 흥미롭고, 인상적인 단어예요.

- 2022년 봄, 발츠 필란스Valts Piļāns

◈ 미쳤어-미치다

저는 이 단어를 한국 드라마에서 처음 들었고, 사람들이 항상 드라마틱하게 말해서 좋아했습니다. 절대 실생활에서 사용하지 않겠지만, 이 단어는 TV 프로그램을 더 즐겁고 재미있게 만듭니다.

"Crazy" or "are you crazy" - I first heard it in a Korean drama and I liked it because people always say it in a dramatic way. In real world I would probably never use it but in a TV show, it makes it ~~more funny and enjoyable.~~(funnier and more enjoyable.)

- 2022년 봄, 크리스티나 팀메르마네Kristīna Timmermane

◈ **뚱뚱하다**

제가 키우는 고양이와 이야기할 때, 이 단어를 자주 사용합니다. 제 고양이가 크기 때문입니다. 이 단어는 저에게 매우 장난스럽게 들리고, 나쁜 단어로 들리지 않습니다.

It means "fat". I often use it when I'm talking to my cat since he is chunky and to me it sounds very playful and not as a bad word.

- 2022년 봄, 크리스티나 팀메르마네Kristīna Timmermane

4. 부추기는 말

◈ 가끔, 약간

제가 제일 좋아하는 한국어 단어예요. 의미 많이 없지만, 들은 걸 엄청 좋고 말할 때도 느낌을 완전 좋아해요. 제 발음을 제일 좋은 아닌데 '가끔' 말할 수 있으면, 언제나 말해요. 같은 이유로 '약간' 좋아해요.

This is my most favorite Korean word. Even it doesn't have any special meaning I really like how it sounds and how it pronounces. My pronunciation isn't too good, but if I can say (in conversation) '가끔'. I always try to.

- 2022년 봄, 폴리나 세바스탸노바 Poļina Sevastjanova

* 나의 생각

　　통계 형식을 빌려 학습자들의 아름다운 한국어에 대한 느낌을 실었다. 학습자 대부분은 감동과 기대, 설렘으로 언어의 연상력을 불러일으키고, 이미지를 끊임없이 이어가고 있다.

　　다른 한편으로 생각해 보자. 통계는 한계가 있다. 이러한 통계는 누적될수록 달라지기 마련이다. 의학적으로 동일한 질병을 대상으로 연구가 몇 년간 지속되었느냐에 따라 달라지는 것과 마찬가지다.

　　특정 시기를 국한하는 것도 지나간 현상일 수 있다. 반복되거나 동일한 어떤 룰을 갖고 있는 건 분명 아니다. 중요한 점은 어떤 대상이든 말과 글에서 느끼는 감정일 것이다. 다르게 말하면, 서정일 것이다. 그러나 이 또한 변하는 것이다. 결국에는 가장 아름다운 첫인상의 감동은 사라지고, 가장 기억에 남는 건 이미지이거나 개념일 것이다.

　　해서 가장 아름다운 말과 글은 가장 기억에 남는 말과 글로 바뀌기 쉽다. 개인의 기억은 또 언제든지 환기되는 계기가 주어지기도 하고, 그렇지 않을 수도 있다. 스스로 찾아 나서지 않는 한, 우연히 기억하지 않는 한, 인상이란 사라질 무언의 세계로 남는 것이 아닐까?

5. 가리키는 말

[사진 8] 꽃

◈ 꽃 (1)

어디서 언제 처음 들었는지 기억이 안나요. 하지만 그런 말이 꽃을 의미할 수 있다는 게 신기했어요. 노래에 쓰일 때마다 아름답습니다.

The word itself is as beautiful as a subtle flower.

-2020년 봄, 리에네 파블로비차Liene Pavloviča

◈ 꽃 (2)

첫 해에 한국어 수업에서 배운 "꽃"이라는 단어. 나는 이 단어가 상형문자와 비슷하기 때문에 좋아합니다.

When I was in Seoul, I saw a signboard above a flower shop that only had this word written on it. It seems to me that the creator of this signboard, as well as I, believes that this word is beautiful enough to add nothing more to it.

- 2020년 봄, 마가리타 스브리도바Margarita Sviridova

❖ 꽃 (3)

저는 꽃이라는 단어가 아름다운 한국어라고 생각합니다. 이 단어의 모양이 꽃을 생각나게 합니다. 발음하는 것도 좋아합니다. 처음 배운 한국어 단어 중 하나였고 처음 봤을 때 기억에 남았습니다.

- 2021년 봄, 디아나 오졸리나Diāna Ozoliņa

❖ 꽃 (4)

제가 그 단어를 처음 봤을 때는 구체적인 시간이 기억나지 않지만, 그것은 1학년 강의였습니다. 제가 우리가 읽고 있는 텍스트에서 그 단어를 보았을 때, 저는 그것이 무엇을 의미하는지 전혀 몰랐지만, 저는 그것이 쓰여진 방식 때문에 그것이 정말 흥미롭다는 것을 알았습니다. 저는 그것이 정말 아름답게 보인다고 생각하고, 만약 여러분이 상자 밖에서 생각한다면, 여러분은 그 단어가 꽃처럼 보이는 것을 상상할 수 있습니다.

I don't remember specific time, when I first saw the word, but it was the 1st year lectures. When I saw the word in the text we were reading, I had no idea what it meant, but I found it really interesting to me, because of the way it was written. I think it look really beautiful and if you think outside the box, you can imagine the word look like flower.

- 2023년 봄, 파올라 가일레Paula Gaile

[사진 9] 꽃길

◈ 꽃길 (1)

작년에 한국어 강의에서 처음 듣던 말인데 맥락이 기억이 안나요. 첫째로, 한국어를 배우기 시작한 이래로 단어 자체가 나에게 고착되어 왔다. 시각적으로 한자를 떠올리게 하는 아름답게 쓰여진 단어다. 꽃처럼 보이기도 한다! 저는 예전에 '길'은 단어를 알고 있었다. 이 두 명사를 합치면, 아름다운 개념이 만들어진다. '꽃길'은 문자 그대로 꽃길일 뿐만 아니라, 행복과 기쁨이 가득한 길/삶을 의미할 수 있다. 인생은 우리 모두가 걷고 있는 하나의 커다란 아름다운 길이라는 뜻이다.

"꽃길만 걷자" was also a very popular Korean slang term in 2017, deriving from K-pop. Sejeong Kim(김세정) from girl band I.O.I(아이오아이) used the phrase in an acceptance speech dedicated to her mom on the TV show Produce 101(프로듀스 101).

- 2020년 봄, 에바 푸카Eva Pūka

◈ 꽃길 (2)

이 단어를 언제와 어디서 처음으로 들었는지 잘 모르겠어요. 하지만 그것을 보고 두 아는 단어(꽃과 길)로 이루어진 단어일 깨닫게 되었어요. 나중에 이 단어의 은유적인 의미를 알게 되었고, 감동적이라고 생각했어요. 심상과 의미 모두 아름다워요. BTS의 노래 <둘! 셋!>에서 "꽃길만 걷자"[21]라는 표현도 봤어요. 그 표현의 의미를 알아봤고 마음이 따뜻해졌어요. 이 말은 아끼는 사람에게 하는 좋은 말인 것 같아요.

I'm not sure when and where I first heard this word. But, when I saw it, I recognized two words I knew (flower and road). Later I found out the metaphorical meaning of the word and I found it touching. The

---

21 "꽃길만 걷자 / 그런 말은 난 못해", BTS, <둘! 셋!> 중에서.

imagery and meaning are very beautiful. In BTS' song "2!3!" I also heard the phrase "Let's only walk on a flower path" and when I found out the meaning of this phrase it warmed my heart. I think it's a sweet thing to say to a person you care about.

- 2022년 봄, 센디아 이에바 쿠르쳄니에체 Sendija Ieva Kurzemniece

◈ 꽃길 (3)

두번째로 재미있다고 생각하는 단어는 '꽃길'이에요. 5년 전 노래에서 이 단어의 의미를 읽었을 때, 이 단어에 대해 처음 들었어요. "꽃길만 걷자"는 말은 좋은 일과 행복만 있는 삶을 바라는 마음에서 상대방에게 하는 말이에요. 감동과 감동을 줄 수 있는 아름다운 의미를 담고 있기에 참으로 좋은 단어인 것 같아요.

Flower road: The second word I think is interesting is flower road (꽃길). I first heard about this word in a song about 5 years ago when I also read the meaning of it. The phrase **"꽃길만 걷자"** literally means "let's walk only on the flower road". It is used to wish for only good things to happen in the life, to wish someone to have only luck and happiness. I think it is a very nice phrase to say because it has a beautiful meaning that can make the person feel moved and touched by it.

- 2023년 봄, 케티아 랍샤네 Ketija Lapšāne

◈ 꽃길 (4)

그리고 세 번째로 선택한 단어는 '꽃길'이다. 나는 이 단어를 다른 언어로 들어본 적이 없기 때문에 한국어로는 매우 독특하다고 생각한다. 나는 이 단어를 다양한 노래에서 많이 듣고, 내가 그것을 알아볼 때마다 강한 인상을 준다. 누군가가 항상 행복하길 바라는 '꽃길'과 인생의 행복을 비교하는 것은 매우 아름답다고 생각하다. 그것은 매우 시적이고, 좋은 의미를 가지고 있고, 한국어의 진정한 색깔을 보여주다. 그래서 내가 이 단어에 매우 감명을 받았고, 지금은 훨씬 더 좋아한다.

And the third word that I chose is "꽃길" which means flower road or a road when you will become happy. I think that this word is very unique for Korean language because I have never heard this before in other languages. I hear this word a lot in various songs, and it always gives me a strong impression when I recognize it. I think that it is very beautiful to compare happiness in life with a full road of flowers where you wish someone to be always happy. It has very poetic and nice meaning and shows the true colors of Korean language. So that is why I was very impressed by this word, and I like it even more now.

- 2023년 봄, 마리아 자하로바Marija Zaharova

[사진 10] 눈, 눈꽃

◈ 눈(雪)

제 생각에는 또 다른 아름다운 단어는 '눈'입니다. 추운 겨울에 눈이 내리는 것을 의미할 수 있고, 아름다운 것을 볼 수 있는 눈일 수도 있기 때문에 좋아합니다.

- 2021년 봄, 디아나 오졸리나Diāna Ozoliņa

◈ 눈꽃 (1)

이 단어는 '눈'과 '꽃'을 합쳐서 만든 것입니다. 'snowflower'는 'snowflake'보다 더 좋고 아름답게 들립니다. 그 단어는 시적입니다.

- 2021년 봄, 카리나 치네Karīna Cine

◈ 눈꽃 (2)

저는 이 단어의 문자 그대로인 번역을 아주 좋아해요. 'Snow flower' 아주 예쁘게 들어요. 그리고 '꽃'이라는 단어는 너무 아름답게 보여요. '꽃'이라는 단어를 많은 K-pop 노래에서 들었어요.

- 2021년 봄, 율리아 라우라 알리샤우스카Jūlija Laura Ališauska

◈ 눈꽃 (3)

이 단어는 라트비아어 'sniegpārsla(눈플레이크)'이어서 저는 한국어를 배우기 전에 눈이 꽃처럼 보인다고 생각한 적이 없기 때문에 그 단어가 너무 예쁜 것 같습니다.

Because in Latvian this word literally means "snowflake", before I learned Korean language, I never thought that snowflakes look like flowers. That is why I think this Korean word is very pretty.

- 2022년 봄, 라우라 그레이슈카네Laura Greiškāne

❖ 벚꽃 개화

벚꽃이 피면 매우 아름답습니다. 나는 항상 한국에서 이 꽃들을 보고 싶었습니다. 처음 들었고, 한국 드라마에서 봤습니다.

Tas ir ļoti skaisti, kad zied ķiršu ziedi. Es vienmēr esmu gribējusi redzēt šos ziedus Korejā. Es to dzirdēju pirmo reizi un redzēju korejiešu drāmā.

- 2021년 봄, 시모나 카르클리나Simona Kārkliņa

❖ 사랑 (1)

'사랑'이라는 단어는 우리 삶의 일부입니다. 모든 사람이 인생에서 사랑해 왔습니다. 이것은 외국인이 가장 먼저 배우는 첫 번째 단어 중 하나입니다. 드라마《달의 연인-보보경심 려》에서 이 단어를 처음으로 들었을 때, 그것이 제가 배운 첫 단어였습니다.

- 2020 봄, 다나 코제브니코바Dana Koževņikova

❖ 사랑 (2)

이 단어는 간단하고 흔히 사용된 단어이지만, 저에게 큰 의미가 있어요. 우선, '사랑'은 그냥 예쁘게 보이고 들려요. 하지만 사실, 이것은 한국 문화를 경험하기 시작한 것을 생각나게 해요. 제가 K-드라마를 보고 케이 팝을 듣기 시작했을 때, 이 단어를 많이 들었어요. 그래서 이 단어는 제가 처음 배운 단어 중 하나였어요. 한국말로 '사랑'과 '사람'이 너무 비슷한 것도 좋아해요. 사람들에게 사랑이 얼마나 중요한지 잘 보여주는 것 같아요.

This word is simply and widely used but it means a lot to me. Firstly, the word itself looks and sounds pretty. But actually, it makes me think about the beginning of my exploration of Korean culture. When I began watching k-dramas and listening to Korean music, I heard this word often. That's why it is one of the first words I learned in Korean. I also like that in Korean words "love" and "person" looks similar. I think it can show how important love is to people.

- 2022년 봄, 센디아 이에바 쿠르쳄니에체Sendija Ieva Kurzemniece

◈ 사랑 (3)

이 단어는 모든 언어로 아름답습니다. 하지만 한국 사람들이 '사랑/사랑하다' 단어를 라트비아 사람들에 비해서 훨씬 더 많이 사용해서 저는 놀랐습니다.

This word is beautiful in every language. However, I was surprised because Koreans use the word ''love/I love" much more than Latvians.

- 2022년 봄, 라우라 그레이슈카네Laura Greiškāne

◈ 사랑 (4) 과 사람

나는 한국어를 공부하면서, '사랑'과 '사람'이라는 두 단어를 처음 접했을 때, 가장 강한 인상을 받았다. 언뜻 보기에 이 두 단어는 특별한 것이 없어 보일 수 있지만, 처음 한국어와 친해지면, 이 두 단어의 철자 차이가 단지 한 글자에 불과하다는 것을 알게 될 것입니다.

나에게 이것은 매우 인상적입니다. 어떤 의미에서 '사람'과 '사랑'은 서로 옆에 있기 때문입니다. 마치 한국 사람들이 문자 그대로 '남자'와 '사랑'이 서로 연결된 두 단어라고 말하는 것처럼, 저에게는 이것이 매우 고무적입니다.

저에게 있어서 한국어를 배우는 것의 가장 좋은 점은 이런 식으로 제 삶의 필수적인 부분인 영화와 음악의 언어와 문화에 더 가까이 다가갈 수 있다는 것입니다

I got the strongest impression while studying the Korean language when I first got acquainted with 2 words: "love" and "person". At first glance, it may seem that there is nothing special in these two words, but when you first get acquainted with the Korean language, you will notice that the difference in the spelling of these words is only one letter.

For me, this is very impressive, because in a sense, a person and love are next to each other. As if Koreans literally say that "man" and "love" are two interconnected words, and for me this is very inspiring.

The best thing about learning Korean for me is that in this way I can get closer to the language and culture of film and music, which are an integral part of my life.

- 2023년 봄, 산타 쿠타샤Santa Kutaša

◈ 마음 (1)

뜻이 맥락에 따라 다를 수도 있고 너무 다양하게 쓰이는 단어이라서 좋아요.

- 2022년 봄, 발츠 필란스Valts Piļāns

◈ 마음 (2)

이 한마디로 많은 것을 표현할 수 있다는 것은 신기하다고 생각합니다. '마음'은 마음뿐만 아니라, 사람의 마음과 생각, 감정, 기억 등이 함께 어우러지는 의미이기도 합니다. 이것 때문에 '마음'은 정말 감정적인 말입니다.

I think it is amazing how much you can say with this one word. 마음 means not only heart, but it can also mean mind, personality, mood, feelings or memories that go with one's heart which is why this word is in a more emotional sense than simply "heart".

- 2022년 봄, 산타 드레이에레Santa Dreijiere

◈ 추억 (1)

윤동주의 시 <사랑스런 추억>을 읽었을 때, '기억'과 '추억'의 차이점이 무엇인지 궁금했습니다. 그 시를 읽으면서, 추억이라는 말은 그냥 아무 기억보다 특별한 사람이나 장소에 대한 것에 소중한 기억이라고 깨달았습니다. '추억'은 더 애틋한 감정, 그리움 그리고 진심을 느껴지는 말이기 때문에 더 아름다운 것 같습니다. 라트비아어로 '기억'이라는 단어가 하나밖에 없는데 한국어로 단어 두 개가 있다는 것이 신기하다고 생각합니다.

When I read Yoon Dongju's poem <사랑스런 추억>, I wondered what is the difference between 추억 and 기억? In Latvian we have only one word for "memory", so I think it is fascinating that in Korean there are two words. While reading the poem I realized that 추억 is a heartfelt word that implies recalling more fond, emotional or nostalgic memories of a special person or place that you cherish, so this word comes with a touch of emotion and sincerity.

- 2022년 봄, 산타 드레이에레|Santa Dreijiere

사랑스런 추억

-윤동주

봄이 오던 아침, 서울 쪼그만 정거장에서
희망과 사랑처럼 기차를 기다려,

나는 플랫폼에 간신한 그림자를 떨어뜨리고,
담배를 피웠다.

내 그림자는 담배 연기 그림자를 날리고,
비둘기 한 떼가 부끄러울 것도 없이
나래 속을 속, 속, 햇빛에 비춰, 날았다.

기차는 아무 새로운 소식도 없이
나를 멀리 실어다주어,

봄은 다 가고 ─동경 교외 어느 조용한 하숙방에서,
옛 거리에 남은 나를 희망과 사랑처럼 그리워한다.

오늘도 기차는 몇 번이나 무의미하게 지나가고,
오늘도 나는 누구를 기다려 정거장 가까운 언덕에서 서성거릴 게다.

─ 아아 젊음은 오래 거기 남아 있거라.

❖ 추억 (2)

두번째 단어는 '추억'이다. 이 단어는 보통 사람이나 사물과 관련된 기억을 묘사하는 데 정말 의미가 있다. 이 단어를 처음 들었을 때, 비록 매우 간단하고 짧게 들리지만, 매우 아름다운 의미를 가지고 있다고 생각했다. 나는 내 자신을 표현하는 방법에 대해 더 많이 배우면서, 이 단어를 매우 빨리 외웠다고 생각한다. 그래서 이제는 내가 관심 있는 것들에 대해 더 공개적으로 말하는 것이 더 쉬워졌다.

The second word is "추억" which means memories. This word usually describes some memories related to a person or a thing and it is ~~really~~ meaningful. When I first heard this word, I thought that even though it sounds very simple and short, it has a very beautiful meaning. I think that I memorized this word very fast while learning more about ways of expressing myself. So now it is easier for me to talk more openly about the things I care about.

- 2023년 봄, 마리아 자하로바Marija Zaharova

❖ 빛

이 단어는 아주 기초적이기 때문에 나는 꽤 일찍 배웠다. 대학교에 입학하기 전에 어학연수 앱으로 혼자 배웠을지도 모른다. 비록 이 단어는 깊은 뜻이 없지만, 나는 너무 좋아한다. 첫번째, 이 단어는 매우 예쁘게 보이고, 들리는 것 같다. 두번째로, 이 단어가 다른 말로 사용되는 방식을 정말 좋아한다. 내가 가장 좋아하는 '빛'이라는 단어는 달빛, 별빛 그리고 눈빛이다.

(* light, ray, gleam, twinkle, glimmer, glow, beam, flash 2. colour, tint, tinge, hue.

- Source: Naver Online Dictionary entry on **"빛"** [Website]. Available at:)

- 2020년 봄, 마라 루게나 Mãra Ruġēna

◈ 별빛 (1)

마마무 노래 <별이 빛나는 밤>[22]을 들었을 때, '별빛'이라는 단어를 배웠습니다. 나는 이 단어가 아름다운 의미와 발음을 가지고 있기 때문에 좋아합니다.

This word also reminds me about one of my favourite paintings – Vincent van Gogh's painting "The Starry Night".

- 2020년 봄, 마가리타 스브리도바 Margarita Sviridova

◈ 별빛 (2)

라트비아어에는 이 단어가 없다. 한국의 시들을 읽으면서, "별빛"이라는 단어를 찾았고, 그것은 마음에 들게 되었습니다.

---

22 "나를 취하게 만들어 / 별이 빛나는 밤", 마마무, <별이 빛나는 밤> 중에서.

In Latvian there is no word for ''starlight'', but I found the word when reading Korean poems and I started to like this word.

- 2022년 봄, 라우라 그레이슈카네Laura Greiškāne

◈ 별

저는 이 단어가 어떻게 발음되고, 어떻게 들리는지를 좋아해요. 이 단어의 주요 의미는 별이지만, 그것은 뭔가 다른, 특별한 것을 의미할 수도 있어요.

Zvaigzne; Man patīk kā šis vārds izrunājas un izklausās. Pirmā vārda nozīme ir zvaigzne, bet tas arī var nozīmēt kaut ko atšķirīgu, īpašu, kas manuprāt ir interesanti.

- 2021년 봄, 아만다 메이크샤네Amanda Meikšāne

◈ 여명

몇 달 전에 <여명>[23]이라는 곡을 들으면서 이 단어를 배웠습니다. 새벽이 다가오는 전에 희미하게 나타나는 빛을 의미한다. 한국 문학에서 관용구로 사용되며, '희망의 빛'의 의미도 담고 있어서 아주 인상적인 아름다운 말입니다. 지금 한국어 중에 가장 좋아하는 단어입니다. 지는 해보다 뜨는 해가 더 희망이 있어 보이기 때문입니다.

---

23 실제는 <여명>은 곡이 아니라, 가수의 이름이다. 그가 부른 노래는 <사랑한 후에>이다. 가사에는 "여명"이 들어가지 않는다.

I learned this word a few months ago when I listened to a song titled '여명'. 여명 is a very impressive and beautiful word because it refers to the dim light that appears before dawn. It is also widely used as an idiom in literature and can carry a meaning of 'ray of hope' which gives it a more emotional feel. This word is my favourite Korean word lately because a rising sun feels more hopeful than a setting sun.

- 2022년 봄, 산타 드레이에레Santa Dreijiere

◈ 꿈 (1)

저는 제이홉의 노래 <백일몽> 들으면서, 이 단어를 처음 발견한 것 같다. 가사는 다음과 같다. Wishing on a sky /Wishing on a scar / 해가 있다면, 꿈을 꾸고 싶다고."

3년 전 한국어로 처음 배운 단어 중 하나가 '구름'이었는데, '꿈' 이라는 단어를 들었을 때, 비슷한 소리여서 순식간에 '구름'을 떠올리게 했다. 이 두 단어도 같은 분위기를 가지고 있는데, 꿈을 꾸면 구름이 생각나기 때문이다.

I like how the word itself is visually written. It is a one syllable word which to me visually represents a little house with two clouds above its' roof. It reminds me of a possibility of entering a higher realm when dreaming.

- 2020년 봄, 에바 푸카Eva Pūka

❖ 꿈 (2)

저는 이 단어가 한국어로 발음되는 것을 좋아해요. 꿈은 잠을 자면서 보는 꿈일 수도 있지만, 꿈은 인생에서 이루고 싶은 것, 그리고 적극적으로 노력하고 있는 것이 될 수도 있다. 모든 사람들은 그들 자신의 꿈을 가지고 있는데 그들이 꿈꾸거나 혹은 그것을 위해 노력합니다.

Sapnis – Man patīk kā šis vārds izklausās un izrunājas korejiešu valodā. Sapni var sapņot guļot, bet sapnis var arī būt kaut kas ko tu vēlies sasniegt dzīvē un pēc kā tu aktīvi tiecies. Visiem cilvēkiem ir savi sapņi, par kuriem viņi vai nu sapņo vai pēc tiem tiecas.

- 2021년 봄, 아만다 메이크샤네Amanda Meikšāne

덧붙여 독일의 경우를 살펴보자. 무엇보다 글자를 쓰기 전 6세 어린이로서 '말'과 '소리'에 대한 인상적인 아름다움을 엄마의 도움을 받아 표현했기 때문이다. 먼저 원어인 독일어를 싣고 이어 일반 독자의 편의를 위해 한국어로 옮겼다.

Traum(꿈)[24]

Christin Fliege, 6 Jahre
Deutschland

---

24 Christin Fliege, in: 『Das schönste deutsche Wort』 hrsg. von Prof. Dr. Jutta Limbach, Max Hueber Verlag, 2005, S.126.

Mein ganz persönliches deutsches Lieblingswort ist »Traum«!
Leider kann ich noch nicht schreiben, deswegen erzähle ich meiner Mama,
warum dieses Wort so schön ist.
      Jeden Abend, wenn ich mit meinen Schlafhasen ins Bett
      gehe, spreche ich mit meiner Mama darüber.
      Dann wünsche ich mir ganz doll einen schönen Traum.
      Darin sollen Mama, Papa und mein Bruder Sven vorkommen.
    Es gibt so viele nette Träume auf unserer Welt,
und ich wünsche auch den anderen Kindern
auf der ganzen Welt schöne Träume.
    Ich weiß, es gibt auch schlimme Träume - dann laufe ich
ganz schnell zu meinen Eltern und kuschele mich an.
    Die schicken aber dann die Traumfee zu mir, und die
wandelt die schrecklichen Träume in schöne Träume um.
So, jetzt wissen Sie, warum das Wort »Traum« mein Lieblingswort ist.
Viele Grüße aus Wuppertal von Christin

———— WDR 5 —

* 서부독일방송국(WDR5)과 독일문화원의 공동 작업으로 마련한
어린이의 아름다운 말 가운데 하나로 선정된 글이다.

(이를 한글로 번역하면)

꿈(Traum)

크리스틴 플리게, 6살
독일

내가 가장 좋아하는 독일어는 "꿈"이에요!
아직 글을 쓸 수 없어서, 엄마에게 이야기하고 있어요.
왜, 이 말이 매우 아름다운지.
    매일 밤, 토끼 인형과 함께 잠자러 갈 때면,
    엄마와 꿈에 대해 이야기하거든요.
    그런 다음에는 난 멋진 꿈꾸기를 바래요.
    그 꿈에는 엄마, 아빠, 그리고 동생 스벤이 나왔으면 좋겠어요.
  세상에는 정말 많은 좋은 꿈들이 있어요,
그래서 나는 전 세계의 다른 아이들에게도
멋진 꿈꾸기를 바래요.
    나쁜 꿈들도 있다는 걸 알아요 - 그럴때는 나는
빠르게 부모님에게 달려가 꼭 안겨요.
그러면 엄마 아빠는 꿈 요정을 나에게 보내서
무서운 꿈을 아름다운 꿈으로 바꿔줘요.
그래요, 이제 왜 "꿈"이 내가 가장 좋아하는 단어인지 아시겠죠.
부퍼탈에서 크리스틴이 보내는 인사

◈ 미래 (1)

처음 한국어를 배우기 시작했을 때, 나는 '미래'라는 단어를 배웠습니다. 일본어 단어 '未来'를 생각나게 하기 때문에 기억하기 쉬웠습니다.

Also, the sound of this word is very beautiful, because it is consonant with the notes "mi" and "re".

- 2020년 봄, 마가리타 스브리도바Margarita Sviridova

◈ 미래 (2)

'미래'는 제가 한국어를 막 배우기 시작할 때 가장 좋아한 단어입니다. 그 멋지고 부드러운 발음을 정말 좋아했습니다. 많은 분들이 즐겨찾는 단어로 알고 있습니다.

Future was my first favorite word when I just started learning Korean. I just really liked how nice and soft it sounds. I've heard that it's a favorite for many people.

- 2021년 봄, 산타 마리아 키브리나Santa Marija Kivriṇa

◈ 낙원

이 단어는 나에게 '방탄소년단'의 노래에서 왔습니다. 노래처럼 예뻐요. 이 노래는 꿈이 없으면, 어떻게 되는지, 미래 찾을 것이 없다면, 어떻게 되는지에 대해 이야기합니다. 그런 일들은 시간이 지나면 당신에게 올 것이고 만약 그런 일이 일어나지 않더라도 괜찮습니다.

[…] expanding on the words 'it's okay if you don't have a dream' that member Suga relayed to fans as a New Year's greeting.) Profesora kungs, lūdzu, noklausieties šo dziesmu, domāju Jums tā varētu patikt.[25]

- 2020년 봄, 메기아 메이라네_{Megija Meirāne}

[사진 11] 우주

◇ 소우주

제가 이 단어를 선택한 이유는 '방탄소년단'의 노래 때문입니다. 제가 가장 좋아하는 노래 중 하나인데 굉장히 위로가 되는 노래입니다. 콘서트에서 공연했을 때, 경기장 전체가 불렸어요. 소년들

---

25 라트비아어 번역: 교수님, 이 노래를 들어주세요. 좋아하실 것 같아요.

과 함께, 그들의 불빛을 공중에 띄우고, 그리고 맨 끝에는 제가 매우 아름답다고 생각했던 불꽃놀이가 있었습니다. 선생님 이 노래 들어주세요.

The title Microcosmos references the ancient Greek philosophy of microcosm, the perception of viewing humans as their own little world or micros cosmos. Humans are observed in relation to the universe, and, when the universe was first studied, cosmos translated closer to the modern ideal of order. In a broader sense, microcosm studies the harmonious relationship of each individual everyone in parallel to everything else, which continues BTS' narrative of self-discovery and persona.

Es pati neesmu bijusi uz BTS koncertu, bet skatoties videoklipus šī dziesma man iepatikās vēl vairāk. Šo vārdu es iemācījos tikai nesen, bet tas liekas ļoti skaists, jo tas ir saistīts arī ar visumu un planētām, kas man ļoti patīk.[26]

- 2020년 봄, 메기아 메이라네Megija Meirāne

◇ 방탄소년단

내 머릿속에 가장 먼저 떠오른 한국 이름은 이것입니다. 보이그룹 방탄소년단(BTS)의 한국어 단어입니다. 그들은 나에게 K-팝, 한국

---

26 라트비아어 번역: 방탄소년단 콘서트를 직접 가본 적은 없지만, 영상을 보니 이 노래가 더 마음에 들었다. 최근에 이 단어를 알게 되었지만, 제가 아주 좋아하는 우주와 행성들과 관련이 있어서 참 아름다운 것 같습니다.

어, 그리고 한국 자체를 소개해 주었습니다. 이제 내 귀에 이 단어는 음악처럼 들립니다.

This is the very first Korean name that came into my mind. This is the Korean word for the boy band BTS. They introduced me to K-pop, Korean language, and Korea itself. Now this word is like music to my ears.

- 2022년 봄, 자네테 칼니나^{Žanete Kalniņa}

[사진 12] 복숭아

◈ 복숭아

복숭아를 자주 먹고 과일 중에서 제일 좋아해요. 복숭아는 따뜻한 날씨, 핑크색, 잔잔한 시간을 연상시켜요.

I eat peaches often and I like them the most among other fruits.

Peaches remind me of warm weather, pink color and calm time.

- 2022년 봄, 폴리나 세바스챠노바Poļina Sevastjanova

❖ 사과

이 단어는 제가 처음 배운 한국어 단어 중 하나예요. 이 단어는 두 가지 의미가 있는 좋아해요. 저는 그것이 'apple' 그리고 'apology' 모두 의미하는 것이 좋아요. 너무 재미있어요.

This is just one of the words that have double meanings in Korean which I find interesting. There is also 눈, meaning both "eye" and "snow". I find it fascinating that one word can have two meanings that are not connected.

- 2021년 봄, 율리아 라우라 알리샤우스카Jūlija Laura Ališauska

[사진 13] 학

◈ 학

English: Crane / Latviski: Dzērve

언제: 지난 학기에 이 단어를 알았어요. 우리는 한국어에서 우리의 성의 의미를 찾아야 했어요.

어디: 네이버에서 한국어 수업 중에 발견했어요.

이유: 나의 이름에서 라트비아어로 성은 'Dzērve' 한국어로는 '학'을 의미해요. 나는 학이 다른 문화에서 특별한 의미를 가지고 있다는 것을 알아요. '학'은 한국어로 '두루미'라고도 불려요.

- 2020년 봄, 에디타 제르베Edita Dzērve

◈ 매미

매미; 내가 최근에 가장 좋아하는 단어 중 하나. 부드럽고 귀여운 발음이 정말 마음에 듭니다. 온라인에서 닉네임을 만들 때 사용합니다. 매미 자체도 상징적인 의미를 띨 수 있습니다. 나는 이 이름을 내 이름 Maria와 결합하는 것을 좋아합니다. 내 생각에는 이 이름이 듣기 좋기 때문입니다. 매미+마리아 = 매미아리아Maemiaria가 제가 생각해낸 이름입니다. '아리아'와 합치면 기본적으로는 '매미의 아리아'가 됩니다. 또한 '매드맨즈 에스프리Madmans Esprit' 밴드의 일부 팬들은 스스로를 Maemigya라고 부릅니다. 왜 매미 부분이 추가됐는지는 모르겠지만, 갸는 '소녀' = '갸루'의 일본어 발음에서 유래한 것입니다.

cicada; one of my recent favorites. I really like the soft and cute pronunciation of it. I use it when making nicknames online. Cicada itself can have symbolic meanings as well. I like combining it with my name Maria purely because of how good it sounds in my opinion. Maemi + Maria = Maemiaria(매미아리아) is what I came up with. When combined with 'aria' it basically becomes 'aria of the cicada'. Also, some fans of the band Madmans Esprit call themselves Maemigya. I don't know why the maemi part was added, but gya comes from the Japanese pronunciation of the word 'girl' = 'gyaru'

- 2021년 봄, 산타 마리아 키브리나Santa Marija Kivriṇa

◈ 고양이 (1)

이 단어는 '고양이'를 의미합니다. '고양이'는 '고양이'라는 뜻이기는 하지만 고양이에게 참 좋은 이름인 것 같아요. 그리고 '고양이'를 쓰는 방식도 제게는 굉장히 매력적이에요.

The word means "cat". I think '고양이' is a sweet name for a cat even though it means "cat". Also, the way '고양이' is written is very appealing to me.

- 2022년 봄, 자네테 칼니나Žanete Kalniṇa

❖ 고양이 (2)

한국어는 오랜 역사를 가진 매우 다양하고 독특한 언어입니다. 꽤 어려운 단어들과 문법들을 가지고 있지만, 나는 한국어가 매우 아름답다고 생각하고 정말로 그것을 배우는 것이 즐겁다. 그래서 저는 제가 가장 인상 깊었던 세 가지 한국어 단어에 대해 조금 더 말해보려고 한다.

제가 선택한 첫번째 한국어 단어는 '고양이'이다. 대학에서 한국어를 배우기 시작하기 전부터 드라마나 동영상에서 그 단어를 많이 들어 한국어로 처음 배운 단어 중 하나였다. 나는 그 '고양이'가 매우 귀여운 단어이고, 고양이들처럼 정말 부드럽게 들린다. 또한 가운데 음절은 고양이가 말할 때 내는 소리와 약간 비슷하다. 그것이 내가 이 단어가 한국어의 의미에 완벽하게 어울린다고 생각하는 이유이기에, 나는 그것을 정말 좋아한다.

Korean is a very diverse and unique language with a long history. Even though it has a lot of quite difficult words and grammar, I think that Korean is very beautiful, and I really enjoy learning it. So now I'm going to tell a bit more about three Korean words that impressed me the most.

The first word that I chose is '고양이' which means cat. Even before starting to learn Korean at the university, I heard that word a lot in dramas or videos, so it was one of the first words I learned in Korean. I think that 고양이 is a very cute word and it sounds really soft like the cats themselves. Also, the middle syllable is a bit similar to the sound that cats make when they speak. That is why I think that this word perfectly suits for its meaning in Korean language, and I really like it.

- 2023년 봄, 마리아 자하로바_{Marija Zaharova}

◇ 토끼

한국어는 인상적이고 아름답습니다. 한국어를 배우기 시작했을 때, 그리고 지금도 매일 새로운 것을 배우고 있습니다.

토끼_{bunny}. 우리 가족에 대한 발표를 해야 했던 1학년 때의 강의였습니다. 저는 집에 토끼가 있어서 한국어로 "bunny"라는 단어가 어떻게 쓰여 있는지 한국어 사전을 검색하고 있었습니다. 정말 아름다운 단어라고 생각했기 때문에 그 단어가 어떻게 보이고 들리는지에 정말 놀랐습니다

첫번째로 가장 인상 깊었던 순간은 제가 한국어를 배우기 시작한 첫날에 일어났던 것 같습니다. 예를 들어 글자가 다르거나 문장의 어순이 다른 것과 같이 이전에 익숙했던 것과 완전히 다른 것이기 때문입니다. 그 모든 작지만 정말 의미 있는 차이점들은 한국어를 인상적이고 아름답게 만드는 것이며, 저를 인상적으로 만들고 배우고 싶게 만든 것입니다.

Korean language is impressive and beautiful. When I started to learn Korean language and also now, I am learning something new every day.

토끼 bunny. It was the 1st year lectures when we had to make presentation about our family. I was searching in Korean dictionary how is the word "bunny" written in Korean, because I have a bunny at home. I was really surprised on how the word looked.

I think the first most impressive moment happened on the first day, when I started to learn Korean language, because it is something completely different, that I was used to before, for example, the letters are different, word order in a sentence. All those little, but really meaningful differences is what makes Korean language impressive and beautiful, and what made me impressive and made me want to learn it.

- 2023년 봄, 파울라 가일레 Paula Gaile

6. 사람들 사이에서

◈ 배가 출출하다

"배가 고프지 않은데 입이 심심해서 먹는다"는 뜻있습니다. 저는 이 문구가 일상적으로 공감할 수 있어서 정말 좋아했습니다.

It means when you're not ~~really~~ hungry, but your mouth is bored so you eat. I really like this phrase because I can relate to it on the daily basis.

- 2022년 봄, 크리스티나 팀메르마네Kristīna Timmermane

◈ 만들어요

2학년 1학기 때, 저는 한국어를 배우기 위해 고군분투하고 있었고, 제가 아무리 공부해도 한국어를 이해할 수 없다는 것에 매우 좌절했습니다. 하지만, 우리는 한국어를 배우려는 행복과 동기부여를 되살리는 '한국어'라는 주제를 시작했습니다. 이 주제에 대한 가장 필수적인 단어 가운데 하나는 '만들어요'인데, 제가 잘 기억하고 활용하고 사용할 줄 아는 것이라 항상 행복한 단어입니다. 제 취미인 요리가 생각나고, 한국어 공부에 대한 동기부여가 되었습니다.

It was the second year, 1st semester, I have been struggling to learn Korean and was very frustrated that no matter how much I studied, I could not understand Korean. However, we started the topic "한국 음식" which brought back happiness and motivation to learn Korean. One of the most essential words for this topic was 만들어요, it is a word that I remember well and always makes me happy that I know how to conjugate and use. Reminds me of my hobby which is cooking and brought back motivations for me to study Korean.

- 2023년 봄, 안니아 테겐홀마Annija Thegenholma

◈ 스트레스를 받아요

예, 이것은 구문이지만, 저는 이것을 과제에 포함시키고 싶었습니다. 우리는 1학년 때 친구와 함께 "저는 스트레스를 받습니다"라는 말을 배웠습니다. 하지만, 그해 말에 우리는 한국 대사관과 함께 일할 기회를 가졌고, "안녕하세요"와 "감사합니다"라는 말을 할 줄 아는 것 외에도, 우리는 이 문구를 알게 되어 많은 근로자들을 미소 짓게 했습니다. 이 구절은 저에게 좋은 기억을 주었고, 사람(대사관 직원)들은 웃고 이 구절을 말하는 것을 즐깁니다. 그것은 두 명의 한국인들과 더 가까워지는 동시에 그들을 미소 짓게 하는 능력을 주었고, 모국어로 말하는 힘을 보여줍니다.

Yes, this is a phrase, but I wanted to include this in the assignment. Together with my friend in 1st year we learned the phrase "I am stressed". However, later that year we had the opportunity to work with

Korean Embassy, besides knowing how to say "hello" and "thank you" we knew this phrase which made a lot of the workers smile. This phrase has given me good memories, people laugh and enjoy me saying this phrase. It gave the ability to grow closer to a couple of Koreans and at the same time make them smile and that shows the power of talking in people's native language.

언어는 우리가 언어를 통해 정보, 문화, 감정을 전달할 수 있는 강력한 도구입니다. 제가 새로운 언어를 배울 때 항상 인용문은 저에게 공부에 대한 동기를 부여하며 다음과 같습니다.

"만약 당신이 그가 이해하는 언어로 남자와 이야기한다면, 그것은 그의 머리에 전달됩니다. 만약 당신이 그의 모국어로 그와 이야기한다면, 그것은 그의 마음에 와 닿습니다."

그것은 우리가 언어를 배우고 교육에서 성장하는 것이 얼마나 중요한지를 보여줍니다. 제가 한국어를 잘 못 할 수도 있고, 부족한 점도 많지만, 한국어를 배우려고 노력하는 모습이 감사하게 느껴집니다. 한국어를 조금은 하지만, 한국인하고 열심히 일할 때, 한국 사람들이 가끔 얼마나 행복한지 놀랍습니다. 저 또한 외국인들이 라트비아어를 하려고 할 때, 항상 행복합니다. 그것은 정말로 제 마음을 따뜻하게 해줍니다. 이 과제는 제가 한국어에서 좋아하게 된 단어들을 돌아보고, 제가 왜 한국어를 배우기 시작했는지 스스로에게 상기 시킬 수 있는 기회를 주었습니다.

Language is a powerful tool we are able to$^{(can)}$ transmit information, culture, and emotions through language. Always when I learn a new language a quote keeps me motivated to study and it is as follows.

"If you talk to a man in a language he understands, that goes to his head. If you talk to him in his own language, that goes to his heart."

It shows how important it is for us to learn languages and grow in our education. I might not be the best at Korean, and I lack in a lot of aspects, but I see the way it is appreciated that I try to learn Korean. It amazes me how happy sometimes Korean people get when I try to speak a little Korean and try my best. I also always am happy when foreigners try to speak Latvian, it truly warms my heart. This assignment gave me the opportunity to look back to words that I have grown fond of in Korean and remind myself why I started to learn the language.

- 2023년 봄, 안니아 테겐홀마Annija Thegenholma

◈ 화가

English: artist

Latviski: mākslinieks

언제: 나는 대학교 1학년 때 이 단어를 알게 되었어요.

어디: 나는 우리가 한국어 수업에서 해야 할 과제에서 그것을 봤어요.

이유: 그 단어의 발음은 처음 들었을 때, 내게는 재미있어 보였어요. 그 때문에 나는 아직도 그 단어를 그것을 기억하고 있어요.

- 2020년 봄, 에디타 제르베Edita Dzērve

◈ 채식주의자Vegetarian

이것이 제가 배워야 할 첫번째 어렵고, 긴 단어였다. 2년 전 비행기로 한국에 오(가)면서, 정확하게 발음하려 했던 기억이 난다. 한국 전통 음식에는 고기가 많이 들어있지만, 저는 채식주의자라서 서울에 있을 때 많이 썼던 말이다. 그 이후로 그 말은 저에게 계속 남아 있었다.

- 2020년 봄, 에바 푸카Eva Pūka

◈ 친구 (1)

'친구'라는 단어는 매우 특별합니다. 나에게 있어 친구는 매우 중요하고, 나는 항상 그들을 가까이 붙들어 두려고 노력합니다. 특별한 신뢰와 충성심을 가지는 것은 세상에서 가장 소중한 것 가운데 하나입니다. 다시 한번 말하지만, 방탄소년단의 최근 앨범에는 <친구>라는 노래가 있습니다. 멤버들-지민이와 태형이의 특별한 유대감을 담은 노래입니다. 이 노래도 많이 들어주세요.

- 2020년 봄, 메기아 메이라네Megija Meirāne

◈ 친구 (2)

매우 의미 있는 단어에요. 저는 친구 덕분에 제정신이 들고 자신을 사랑하기 시작했으니까. 제 친구들을 다 너무 사랑해요.

This is very meaningful word. Thanks to my friend I found myself and started to love myself, so I love my friends very much.

- 2022년 봄, 폴리나 세바스탸노바Poḷina Sevastjanova

◈ 한(恨) (1)

일제Ildze 교수의 수업에서 이 단어를 처음 들었다. 나는 이 개념이 정말 흥미롭다고 생각했고 더 알고 싶었다. '한'에 대한 기사와 비디오를 찾아봤다. 사이트와 사람마다의 정의가 좀 달라서 처음에 조금 혼란스러웠지만, 이 정의들이 다 유효한 정의라는 것을 깨달었다. 내 생각에는 그것은 '한'이 아름다움의 일부분인 것 같다. 라트비아인들을 포함한 많은 사람들이 이러한 감정들과 관련 지을 수 있다고 생각한다. 아마도 그래서 내가 '한'에 매료된 것 같다.

It's considered impossible to translate into English, but it's often described as an internalized feeling of deep sorrow, injustice, resentment, regret, and anger."[1] "In general, han is this great sense of unresolved injustice and conflict and sense of oppression."[2] "Generally speaking, han (or won-han) is the idea that some injustice has been done to oneself."[3]

* The Hanja for 한 is 恨, which in Chinese represents hatred, resentment or regret.

[1] Source: Kim, E. via CBC Channel (2019). 5 examples of Korean "han" in pop culture [YouTube video]. Available at: www.youtube.com/watch?v=z3o8dafXsQ8

[2] Source: Chai, L. H. (2018). What is HAN? 한 [YouTube video]. Available at: https://www.youtube.com/watch?v=rbW3YrxsHcE

[3] Source: Huer, J. (2009). Psychology of Korean Han [Website]. Available at: www.koreatimes.co.kr/www/news/opinon/2012/08/272_41770.html

- 2020년 봄, 마라 루게나Māra Ruģēna

◈ 한 (2)

이 단어는 짧고 간단하지만, 많은 의미를 담고 있습니다. 이 한 단어는 감정이 너무 많아서 다른 말로 설명하기 힘듭니다. 또한 한국의 고유하고 다른 언어(한국어)로 설명하는 것은 거의 불가능합니다.

- 2021년 봄, 카리나 치네Karīna Cine

◈ 한 (3)

제가 좋아하는 두번째 단어는 '한'입니다. 이 단어를 정의하기는 어렵지만, 저는 이 단어를 좋아합니다. 제가 이 단어를 처음 들은 것은 약 1년 반 전이었습니다. 이 단어는 한국 문화에서 중요하는데 원한, 유감, 깊은 슬픔을 의미합니다. 이 슬픔과 원망은 모든 한국 사람들을 하나로 모이게 합니다. 이 단어는 문화 현상을 나타냅니다.

- 2021년 봄, 디아나 오졸리나Diāna Ozoliņa

◈ 한 (4)

음절 '한'은 한국어의 많은 곳에 나타난다. '한'은 한국 정체성의 일부이다. 저는 한이 많은 의미와 깊은 생각을 가진 매우 아름다운 단어라고 생각해요.

Han – Zilbe han korejiešu valodā parādās daudz kur. Han ir daļa no korejiešu identitātes. Manuprāt han ir ļoti skaists vārds ar daudzām nozīmēm un dziļu domu.

- 2021년 봄, 아만다 메이크샤네Amanda Meikšāne

◈ 한 (5)

'한'은 한국 전쟁 중에 널리 사용되었다. 이 단어는 실제로 이 시기 한국 사회를 겪었던 절망, 낙담, 분노, 슬픔이나 불만을 뜻한다. 이 용어는 샤머니즘에서도 사람들이 제거해야 할 것으로도 존재한다.

한 was spready used during the Korean war. This word actually means all the bad emotions that Korean society experienced during this time like despair, disappointment, anger, sadness or discontent. This term also exists in shamanism as the thing that people need to get rid of.

- 2023년 봄, 아나스타시아 고르벤코Anastasija Gorbenko

◈ 한 (6)

세번째로 인상적이라고 생각하는 단어는 '한'이에요. 저는 이 단어에 대해 대학 강의에서 처음 들었어요. 이 단어는 한국 고유의 개념이기 때문에 매우 복잡해요. 한은 슬픔, 불의, 억압의 집단적 감정이에요. 오랜 외세 침략과 내전의 역사가 낳은 문화 현상이에요. 번역하기 어렵고, 한국과 국민들에게 매우 중요한 단어이기 때문에 이 단어가 인상적인 것 같아요.

Han(한) The third word I think is impressive is han (한). I first heard about this word in university lectures. This word is very complex because it is a notion very unique to Korea. Han is the collective feeling of sorrow, injustice, and oppression. It's a cultural phenomenon resulting from the long history of foreign attacks and civil warfare that had happened in Korea. I think this word is impressive because it is difficult to translate and because this word is very important for Korea and its people.

- 2023년 봄, 케티아 랍샤네Ketija Lapšāne

◈ 지아

왜냐하면 그것은 자유 (쉽게 발음되기도 함), 지성, 아름다움, 우아함, 은혜를 의미하기 때문입니다. 그리고 이 모든 특성들은 저에게 엄마를 생각나게 합니다.

◈ 하늬

이 이름은 시원한 바람처럼 가벼운 성격을 가진 사람을 의미합니다. 제가 제일 좋아하는 가수의 이름이고, 저도 같은 캐릭터라서 좋았어요. 내가 바꿀 이름을 선택하면, 그 이름이 될 것입니다.

- 2021년 봄, 카리나 콜로스코바Karīna Koloskova

◈ 눈치 (1)

(상대가 말하지 않아도, 사람의 미음이나 일의 상황을 이해하고 아는 능력.) - 이 단어도 매우 흥미롭고, 그 사실을 알게 되었을 때, 매우 놀랐습니다. 이 단어는 다른 언어로 정확하게 번역될 수도 없습니다. 이 단어는 한국 문화의 일부입니다.

- 2021년 봄, 마리나 키릴로바Marina Kirilova

◈ 눈치 (2)

이 단어는 제가 배운 한국어 중 가장 인상에 남습니다. 말을 하지 않고도 다른 사람의 마음을 알 수 있거나 공간의 분위기를 느낄 수 있다는 뜻입니다. 이 한 단어는 한국 문화가 어떻게 기능하는지, 그리고 한국인과의 대화에서 무엇을 기대할 수 있는지에 관해 많은 지점을 설명합니다.

This Korean word has left the most impactful impression on me out off (of) all the words I have learned in Korean. The word means to be able to understand other people's feelings or feel the mood in ''the room'' without speaking. This one word explains a lot about how Korean culture functions and what to expect out of a conversation with a korean.

- 2021년 봄, 엘리자 마추카네^{Elīza Mačukāne}

◈ 눈치 (3)

관찰, 사려 깊음, 추측, 상대의 요구와 의도에 대해 문자 그대로 "눈으로" 말없이 빠르게 생각하는 능력. 이는 비언어적 맥락(눈, 몸짓, 대담자의 모방)을 고려하여 주변 현실을 빠르게 스캔하고 사회적 지위, 연령 및 일반 등 다양한 추가 요소를 고려하여 반응하는 능력입니다. 방향 감각을 잃은 분위기. 이것은 사람이 자신에 대해 말하기 전에 (또는 심지어 필요성을 깨닫기 전에) 그의 요구를 추측하는 능력과 일반적인 분위기 (집단, 가족, 친근한 회사)에 적응하여 깔끔하게 잡는 기술입니다.

Observation, thoughtfulness, conjecture, ability to think quickly about the needs and intentions of the interlocutor without words, literally — "on the eye". This is the ability of a person to quickly scan the surrounding reality, instantly ~~taking into account~~ considering the nonverbal context (eyes, gestures, the mimic of the interlocutor), and react, taking into account various additional factors: social status, age and general atmosphere of disorientation. This is the ability to guess a person's needs before he himself speaks about them (or even realizes the need), and the skill to adjust to the general mood (collective, family, friendly company), catch him neatly.

- 2021년 봄, 안젤리카 우르반스카^{Anzhelika Urbanska}

◈ 눈치 (4)

이 단어의 뜻을 좋아합니다. 아무 말도 하지 않았지만, 다른 사람을 이해하는 능력을 정의합니다.

- 2021년 봄, 발레리아 게라시모바Valērija Gerasimova

◈ 눈치 (5)

이 단어는 자주 볼 수 있어요. 한국어를 배우기 전에 영어 번역이 없는 한국어 단어 목록에서 처음으로 봤어요. 그래서 저는 이 단어를 즐겁게 기억해요. 한글을 읽을 수 있기 전에 이 단어를 본 기억이 있습니다. 나중에 한국어를 배우기 시작했을 때, 저는 이 단어를 자주 보게 되었어요. 실제 의미도 재미있어요. 익숙한 개념이지만 라트비아어나 영어로 번역할 수 없어요. 사람들 사이의 관계에서 감정 지능이 중요한 것을 보여줘요.

This word can be seen often. Before I started learning Korean, I saw it in a list of words that can't be translated into English. That's why I remember this word fondly – I remember seeing it before I even knew how to read Hangul. The actual meaning is interesting too. The concept feels familiar, but I can't translate it to Latvian or English. It shows how important emotional intelligence is in relationships between people.

- 2022년 봄, 센디아 이에바 쿠르쳄니에체Sendija Ieva Kurzemniece

◈ 눈치 (6)

확실히 의미는 매우 흥미롭고, 영어로 정확히 번역할 수 없다. 한국어로 이 단어는 사람이 사람의 감정과 신체 언어를 읽을 수 있다는 것을 의미한다. '눈치가 좋은 사람'은 사람의 진정한 속을 쉽게 이해하고, 어떤 상황에서도 올바르게 대응할 수 있다. '눈치 나쁜 사람들'은 종종 눈치가 없고, 상대방의 감정을 읽을 수 없기 때문에 사람들을 화나게 할 수 있다. 이 스킬을 가지고 있는 사람은 "눈치가 빠르다"이다.

'눈치' meaning is very interesting and cannot be translated in English exactly. In Korean this word means that a person can read people's emotions and body language. Person with good 'noon chi' can easily understand people's true feelings and respond correctly in any situation. People with bad 'noon chi' are often tactless and can offend people because they cannot read the emotions of the person. Those who have this skill are "눈치가 빠르다".

- 2023년 봄, 아나스타시아 고르벤코Anastasija Gorbenko

◈ 눈치 (7)

가장 먼저 인상적이라고 생각하는 단어는 '눈치'예요. 2018년쯤 한 드라마를 보다가 이 단어를 처음 들었어요. 이 용어는 상황에 적절하게 관여하고 대응하기 위해 다른 사람의 감정, 생각 및 감정과 접촉

하는 기술을 정의해요. 눈치가 강한 사람은 다른 사람의 몸짓이나 목소리 톤을 읽어 그들의 진정한 감정을 이해할 수 있어요. 제가 아는 다른 언어에는 존재하지 않기 때문에 이 단어가 인상적인 것 같아요. 한국어처럼 특정한 용어가 필요한 보편적인 감정이라고 생각해요.

Nunchi (눈치) The first word I think is impressive is nunchi (눈치). I first heard about this word around 2018, when I was watching a k-drama. This term defines the art of being in touch with other people's feelings, ideas, and emotions in order to properly engage and respond to a situation. A person who has strong nunchi can read the body language or voice tone of others to know their true feelings. I think this word is impressive because it doesn't exist in other languages that I know. I think it's a universal feeling that should have a specific term like in the Korean language.

- 2023년 봄, 케티아 랍샤네Ketija Lapšāne

◇ 대박

'대박'은 제가 제 소개와 함께 처음 배운 한국어 중 하나입니다. 영어로는 '위대한', 라트비아어로는 '엄청난'이라는 뜻입니다. 속어처럼 어떤 것이나 행동에 놀라거나 경외감을 느낄 때 사용됩니다. 저는 이 단어를 자주 사용하지 않지만, 한국어를 배울 때 생각나는 단어입니다.

'대박' is one of the first words I learnt in Korean along with introducing myself. Translating from Korean it means "great" in English and "lieliski" in Latvian. It is used when the speaker is pleasantly surprised or awed at something or an action, basically like a slang. I don't use this word often, but it reminds me of when I was learning how to read in Korean.

- 2021년 봄, 루타 키르소네Rūta Ķirsone

'대박'이 사용되는 한국어와 영어 사전에서는 어떻게 정의하고 있을까?

* daebak, n., int., and adj.

    n. Something lucrative or desirable, esp. when acquired or found by chance; a windfall, a jackpot.

    int. Expressing enthusiastic approval: 'fantastic!', 'amazing!'

    adj. As a general term of approval: excellent, fantastic, great.[27]

* 대박 [대:박], 명사, 한자어 大(큰 대) + 고유어 박

어떤 일이 크게 이루어짐을 비유적으로 이르는 말.

- 대박이 나다. - 대박이 터지다. - 대박을 터뜨리다.[28]

(* 영어에서는 품사를 '명사/감탄사/형용사' 등 세 가지로 정의한 반면, 한국어 사전에서는 명사로만 규정하고 있다. 무엇이 문제인가?)

---

27 Oxford University Press, 옥스포드 영어사전, 2021.

28 국립국어원(stdict.korean.go.kr), 표준국어대사전(참조일 2023년 5월 28일)

◈ 약속

영어로 "promise", 라트비아어로 "solījums"인 '약속'은 그 자체로 매우 의미 있는 단어이며 모든 언어에서 아름답게 들립니다. 제가 이것을 선택한 또 다른 이유는 제가 가장 좋아하는 EXO(엑소) 노래의 제목이기 때문입니다. 들어보셨다면, 이 노래 자체가 단어의 의미와 팝 아티스트의 삶과 책임감을 아름다운 멜로디와 함께 표현하고 있음을 알 수 있습니다.

"promise" in English, "solījums" in Latvian, is a very meaningful word on its own and it sounds beautiful in every language. Another reason why I chose this is because it is a title of one of my favorite songs by EXO (엑소). If you have heard it, I think the song itself beautifully portrays the meaning of the word and how the pop artist life and responsibility is along with a beautiful melody.

- 2021년 봄, 루타 키르소네 Rūta Ķirsone

◈ 삶

'삶'은 내가 처음부터 좋아했던 또 다른 단어입니다. 문자의 배치와 컴팩트한 모양이 마음에 듭니다. 짧고 정확해보입니다.

Life is another word I liked from the very beginning. For this one, I like the placement of the letters and how compact it looks. It looks short and precise.

2021년 봄, 산타 마리아 키브리나 Santa Marija Kivriņa

❖ 한국

한국에 관심이 생겼을 때, 한국어로 이름을 찾았기 때문에 이 단어를 좋아합니다. 저는 이 단어로부터 제 언어 학습을 시작했기 때문에 아름답다고 생각합니다.

Šis vārds man patīk, jo, atradot interesi par Koreju, šo vārdu atradu korejiešu valodā. Es domāju, ka šis vārds ir skaists, jo tas sāka manu valodas apguvi.

- 2021년 봄, 시모나 카르클리나Simona Kārkliņa

❖ 우리

한국인들은 "나의 나라", "나의 가족", "나의 회사", "나의 학교"라고 말하지 않을 것입니다. 반드시 "우리의"라고 말할 것입니다. 이 언어 규범의 뿌리는 한국인의 집단주의 문화에서 찾아볼 수 있으며, 서구보다 훨씬 더 큰 공동체, 특정 그룹에 대한 소속감을 느낄 필요가 있습니다. 그러므로 모든 종류의 모임에 대한 한국인의 사랑이 담겨 있습니다. 집단 밖에 있을때 대개 한국인은 극도로 불편함을 느낍니다.

Koreans will not say "my country", "my family", "my company", "my school" — these and other similar phrases will necessarily say "our". The roots of this language norm are in the collectivist culture of Koreans, in much greater than in the West, the need to feel their belonging to a community, to a certain group. Hence the love of Koreans for all kinds of meetings, clubs, landowners, and associations. Being outside the collective, the average Korean feels extremely uncomfortable.

- 2021년 봄, 안젤리카 우르반스카Anzhelika Urbanska

◈ 분위기

이 단어는 집단의 일반적인 정서나 심리적 분위기, 뉘앙스를 가리킵니다. 또거래의 결론이나 중요한 협상에 앞선 상황을 나타냅니다. 이 단어는 지정학적으로 들릴 수도 있습니다. 예를 들어 카페와 같은 장소의 분위기와 에너지를 말할 때도 사용됩니다.

This is the general mood of the group, the psychological climate in the team, nuances. The same word refers to the context that precedes, for example, the conclusion of a deal or important negotiations. This word may sound geopolitical. It is also used when talking about the atmosphere and energy of a place, for example, a cafe.

- 2021년 봄, 안젤리카 우르반스카Anzhelika Urbanska

◈ **청출어람**(靑出於藍)

비유적으로 깊은 의미를 가지고 있는 단어이고, 영어로 이미 알고 있는 표현이 한국어에도 있어서 재미있었어요. 한자의 각 글자의 의미를 알면, 이 사자성어를 더 아름답게 느낄 수 있을 것 같아요.

- 2022년 봄, 발츠 필란스Valts Piļāns

7. 묶어서 만든

[사진 14] 눈꽃

1) '눈꽃-마음-마음에 들다'

저의 전공으로 라트비아 대학교의 아시아학을 선택한 이유는 여러 가지가 있었다. 이유 중 하나가 한국어이다. 한국어는 제가 아는 언어로부터 다르며 너무 아름답다. 저는 한국말의 음향을 정말 좋아한다. 한국어를 배우기 시작한 지 2년쯤 됐다. 한국어 공부를 아주 좋아하는데 배울 때 아름답고 재미있는 단어를 찾다.

첫번째는 '눈꽃'이다. 처음으로 이 단어를 1학기에 한국어 수업에서 들리었다. 우리는 이제 막 읽는 법을 배우기 시작했다. 저는 이 세상이 매우 시적이고, 은유적이기 때문에 매우 아름답다고 생각한다. 눈과 꽃을 결합되면 '눈꽃'이 만들어진다. 만들다. 저는 이 단어가 이 단어의 본질을 아름답게 묘사하고 있다고 생각한다.

I decided to get a degree in Asian Studies for many reasons. And one of them is Korean language. I think Korean is very beautiful language, that differ from others. I have been studying Korean for almost two years. During my learning I found some words that are very beautiful.

One of them is snowflake (눈꽃). I just started to be learning Korean when heard.

it for the first time. I think this world is very beautiful because it's very poetic and metaphorical.

I think that this word is describing this nature phenomena very accurately.

두번째로 지적하고 싶은 말은 '마음'이다. 처음으로 이 단어를 언제 들릴 기억하지 못하는데 드라마나 노래에서 들은 것 같다. 이 단어를 선택한 이유는 짧은 단어 하나가 얼마나 많은 의미를 가질 수 있는지 흥미롭기 때문이다. 심장, 영혼, 정신.

마지막으로 마음에 가장 좋아하는 문구는 '마음에 들다'이다. 손님에게 문을 여는 것처럼 사람은 새로운 것에 마음을 열고 좋아한다. 저는 그것이 매우 매혹적이라고 생각한다. 나에게 한국어는 매우 아름다운 단어, 구절, 관용구들을 가진 매우 시적인 언어일 뿐만 아니라, 당신의 생각과 감정을 매우 정확하게 표현해준다.

The second word I wanted to point out is mind (마음). I don't remember when heard this word for the first time exactly, but I suppose it was from drama or song. The reason why chooses this word is because I found interesting how one short word can mean that much - heart, soul, mind at the same time.

One of my favorite phrase with 마음 is 마음에 들다. For me, Korean is very poetic language with many words, phrase and idioms that is not only very beautiful, but also express your thoughts and feelings very accurately.

- 2020년 봄, 안나 페트리첸코Anna Petričenko

2) '장난스런 키스-화이팅-아름다운'

저는 어릴 때부터 한국어와 한국 문화에 관심이 많았어요. 먼저 저는 드라마를 통해 한국과 한국의 문화에 대해 배웠어요. 내가 처음 본 한국 드라마는 《장난스런 키스》였고, 그 이후로 나는 수백 편의 드라마와 영화를 보았어요. 대학에서 한국어를 공부하기 시작한 것은 실제로 한국어가 얼마나 어렵고 복잡한지에 눈을 뜨게 해주었어요. 하지만 어려움에도 불구하고 나는 한국어가 아름답고 흥미롭다고 생각해요.

I have had an interest in Korean language and culture since a young age. First, I found out about Korea and Korean culture through k-dramas. The very first Korean drama that I ever saw was Playful kiss (장난스런 키스) and since that I have watched hundreds of dramas and movies. Starting to study Korean in university has helped me open my eyes to how hard and complicated actually Korean language is. But no matter the hardships I find Korean language to be beautiful and interesting.

내가 가장 좋아하는 단어 중 하나입니다. 처음에는 영화나 드라마에서 자주 접했는데, 나중에 의미를 확인하고 정말 재미있다고 생각했어요.

화이팅 is one of the words that I like the most. First, I heard about it in movies and dramas and later after hearing it so much I checked the meaning and thought that it is very interesting.

'아름다운'은 단어 자체가 매우 강하게 들립니다. 사물이 지닌 아름다움을 뜻하는 단어입니다. 처음 들은 것은 K-pop 노래 중 하나였는데 어떤 곡인지는 잘 모르겠습니다.

아름다운: By itself the word sounds very strong and powerful and the meaning of it describes the beauty it holds. The first time I heard it was in one of the K-pop songs but I'm not quite sure which one it was.

- 2021년 봄, 안니아 셀리나 슬레제^{Annija Selīna Slēze}

3) '약속-사람-사랑'

내게 특별하게 느껴지는 첫 번째 단어는 '약속'입니다. 대부분의 언어에서 큰 감정적 가치를 지니고 있기 때문입니다.

약속은 신성하며, 같은 이유로 대부분의 노래와 영화는 사람에 대한 신뢰와 애착을 보여주기 위해 이 개념을 사용합니다.

다음은 '사람'과 '사랑'의 조합입니다. 이 말을 듣다 보면 방탄소년단 RM의 'Love'가 생각납니다. 그는 "인생에서 좋은 사람과 함께라면 인생에서 상처를 받더라도 사랑을 받아들이고 돌려주는 법을 배울 수 있다"고 노래와 가사에 담긴 아이디어를 설명했습니다. 사람에 "ㅁ"을 넣으면 부드럽고 둥글게 된 "ㅇ"이 됩니다.

The first word that feels special to me is **"약속"** as it holds a big emotional value in most languages.

A promise is sacred and for that same reason most songs and movies use this concept to show trust and attachment to a person.

The next is a combination between **"사람"** and **"사랑"**. Hearing either of these words reminds me of the song **"Love"** by RM of BTS.

He explained the idea behind the song and lyrics as "with the right person in your life, you can learn to accept love and give it back despite being hurt in life." He also explained that if you chisel away the rough corners on the "ㅁ" in 사람 then it becomes soft and round "ㅇ", making it.

- 2021년 봄, 마르타 앞시테Marta Apsīte

4) '눈치-그러니까-동그라미'

제가 제일 좋아하는 한국말은 '눈치'예요. 들을 때마다, 완전 귀여운 애교 표정 같다. 그리고 내가 '그러니까' 제일 좋아한다! '동그라미'도 좋아한다. '동그라미'는 정말 귀여운 소리이니까 좋아한다.

- 2021년 봄, 크리스티네 마스야네Kristīne Masjane

5) '사람-사랑-세상'

한국어 말하기 대회를 보러 갔을 때, 라트비아 사람들이 한국어를 배우고 한국말을 정말 잘해서 멋있었어요. 행사장에서 한국사람들을 만나고, 이야기했는데 한국사람들이 저를 이해하고 저도 한국사람들의 말을 이해해서 행복했어요. 우리는 다른 나라의 사람이고, 다른 문화를 갖고 있어도 한국어는 우리를 하나로 연합해요.

저는 한국어를 배우기 시작했을 때, 이미 3개 국어를 알고 있는데 한국어는 아주 달랐어요. 그런데 새로운 단어를 배우기 시작하는 대로 그것이 아름답게 들린다고 생각했어요. 제가 정말 좋아하는 단어가 3개 있는데 그 단어들은 - 사람people, 사랑love, 세상world이에요. 소리가 좋은 데다가 중요한 의미도 있어요. "사람들은 사랑 없이 세상에서 살 수 없어요."People can't live in world without love.

- 2022년 봄, 엘리나 카르포바Elīna Karpova

6) '나비-장미-안녕하세요'

제가 처음으로 한국 문화를 의식적으로 접한 건 우연히 TV에서 한국 드라마를 본 10년 전입니다. 나는 그 언어를 음성적으로 정말 좋아했습니다.

언어의 부드러움에 압도됩니다.

안타깝게도 그 당시에는 한국어를 배울 기회가 없었습니다. 그런데 자막이 있는 드라마를 많이 봐서 듣는 것만으로도 아름다운 단어 몇 개를 외웠어요. 그 단어들은 '나비', '장미', 그리고 '안녕하세요'입니다.

한국어는 세계에서 가장 예의 바른 언어 중 하나입니다. 그리고 이것은 유럽인들이 그것을 연구하는 데 많은 어려움을 야기합니다.

그럼에도 불구하고 저는 이 과정이 매우 흥미롭다고 생각합니다. 한국 문화의 구체적인 내용을 더 많이 알 수 있는 데 도움이 되므로, 그 일부가 되어 매우 기쁩니다.

My first conscious introduction to Korean culture happened more than 10 years ago when I accidentally saw a Korean drama on TV. I remember that I really liked the language phonetically,

being struck by the softness of the language.

Unfortunately, I did not have the opportunity to start learning Korean at that time. However, I watched a lot of dramas with subtitles, so I memorized a few beautiful words by just listening. These were: 나비, 장미, and of course 안녕하세요.

The Korean language is considered one of the most polite politest languages in the world; and this creates a lot of difficulties for Europeans to study it.

Nevertheless, I find this process very interesting, and I am so happy to be a part of that as it helps me to get to know more about the specifics of Korean culture!

- 2022년 봄, 예세니아 세메니스타아Jesēnija Semenistaja

7) '한글'

내가 한국어를 배우기 시작했을 때 가장 인상 깊었던 것 중 하나는 '한글'이었다. 한국에는 중국이나 일본의 상형문자에도 불구하고 정말 배우기 쉬운 알파벳이 있다.

My first exposure to Korean culture and language came through K-pop. Then I started learning the Korean alphabet on my own. Later, I became interested in reading Korean webtoons-manhwa, and then I had a desire to study the language more deeply. Korean language turned out to be quite easy to learn as it is systematized. One of the most impressive things when I started to learn Korean was Hangul. Despite the Chinese or Japanese hieroglyphs, in Korea, there is an alphabet that is ~~really~~ easy to learn.

- 2023년 봄, 아나스타시아 고르벤코Anastasija Gorbenko[29]

8) '좋아하다-안녕하세요-하자'

어렸을 때부터, 저는 외국어를 배우고 싶었습니다. 나는 졸업 후에 꼭 아시아어를 공부하기로 결심했습니다. 그후에 저는 한국의 산업인 드라마와 케이 팝을 알게 되었습니다. 나는 배우들이 자막 없이 말하는 것을 이해하고 싶었습니다. 그래서 한동안 나는 한국어를 독

---

29 앞서 이미 언급한 '눈치/썸타다/한'을 언급한 다음에 이은 결론으로 쓴 글이다.

학했습니다.

나는 한글을 배웠습니다. 그런데 방언이 있는 줄도 모르고, 발음이 더 어려워졌습니다. 익숙한 단어를 보기 위해 한국어 자막이 있는 드라마를 보기 시작했습니다.

아마도 내가 처음 배운 단어는 '좋아하다' 였습니다. 이 단어는 노래나 드라마에서 자주 들어서 자동으로 익힐 수 있게.

Since childhood, I wanted to learn foreign languages. I decided that after graduation I would definitely study Asian language. After that I got acquainted with Korean industry: dramas and K-pop music. I wanted to understand what actors say without subtitles. So, for some time I taught Korean by myself.

I learned Hangul. But then I didn't know that there were any dialects, so pronunciation became more difficult for me. I started watching dramas with Korean subtitles trying to see familiar words.

Probably the first word I learned was "to like". I heard it so often in songs and dramas that I automatically remembered it.

그러다 인사하는 법을 배웠습니다. 나는 '안녕하세요'와 같은 것을 배웠습니다. '안녕하세요', '안녕' 그리고 저는 부모님께 계속 말했습니다.

그리고 저는 '하자'라는 단어를 정말 좋아했습니다. "무엇을 하자"의 의미를 좋아했습니다. 먹자! 만나자! 가자!

한국어에 흥미를 갖기는 쉽습니다. 중요한 것은 흥미를 잃지 않는 것입니다. 언어에 대한 흥미를 잃지 않고, 좀 더 창의적인 방법으로 배우기 위해 블로그나 자막 드라마를 보거나 한국 음악이나 라디오 프로그램을 듣는 것이 좋아합니다.

After that my attention fell on how to greet someone. I learned such forms of greeting as - hello! Hi! And kept telling that to my parents.

I really liked '하자' word. I liked the meaning of "Let's do something". Let's eat! Let's meet! Let's go!

It is easy to become interested in Korean. The important thing is not to lose interest. It's good to watch blogs, subtitled dramas, or listen to Korean music or radio programs to learn in a more creative way without losing interest in the language.

- 2023년 봄, 예브게니아 코르지노바Jevgeņija Korzinova

9) 앞서 언급한 '눈치(7)/꽃길(3)/한(5)'에 이은 결론 부분

개인적인 생각

전반적으로 한국어는 독특하고 다른 언어로 번역하기 어려운 단어가 많기 때문에 매우 인상적이라고 생각해요. 제가 언급한 단어들 중 일부는 아름다운 의미를 갖거나 매우 강하고 감정적인 의미를 가지고 있어요. 사람들과 그들의 문화를 대표하고 언어는 두 가지 모두에서 큰 요소이기 때문에 그러한 단어가 존재한다는 것은 인상적이라고 생각해요.

Personal thoughts

Overall, I think the Korean language is very impressive because it has many words that are unique and difficult to translate in other languages. Some of the words that I mentioned have an interesting, beautiful meaning or have a very strong, emotional meaning. Personally, I think it is impressive when such words exist because it represents the people and their culture – and language is a huge factor in both.

- 2023년 봄, 케티아 랍샤네Ketija Lapšāne

10) '네-대박-사과'

제가 처음 한국 문화에 대해 배우기 시작했을 때, 저는 제 자신이 그 언어에 매료되었다는 것을 알았습니다. 비록 한 단어도 이해하지 못했지만, 저는 언어가 어떻게 들리는지, 복잡한 소리가 너무 좋았습니다. 오늘날까지도 저는 한국어가 아름다운 언어라고 생각합니다. 평소 언어에 관심이 많고 원어민 수준(모국어 제외)을 2개 이상 알고 있

는 사람으로서 이 단어를 배우는데 어려움이 없을 것이라고 생각했습니다. (제가 잘못했습니다)

한국어는 인상적인 단어가 많고, 그 중에는 영어나 라트비아어로 번역되지 않는 단어도 있습니다. 그것들은 제가 가장 좋아하는 단어들이지만, 초보자로서 저는 한국어를 막 배우기 시작했을 때 가장 기본적인 단어들이 가장 흥미롭다는 것을 알았습니다.

When I first started learning anything about Korean culture, I found myself fascinated by the language. Even without understanding a single word that was being said, I loved the way the language sounded, the intricate sounds. To this day I still find Korean to be a beautiful language. As a person who always has had an interest in languages and knows more than 2 in native speakers' level (excluding my mother tongue) I didn't think I would be having a hard time learning this one. (I was wrong) Korean has a lot of impressive words, some of which don't translate to English or Latvian...etc. Those are my favorite words, but as a beginner when just starting to learn Korean I found the most basic ones to be the most interesting.

제가 한국어로 처음 배운 단어는 – '예(네)'라고 생각했고, 가장 오랫동안 저는 그 단어가 '- 데'이라고 생각했습니다. 단지 그 단어를 말하는 원어민들로부터 들을 수 있는 소리를 바탕으로 한 것입니다. 그래서 이 단어가 저에게는 흥미로운 것입니다, 그것은 하나의 것처럼 들렸고 또 다른 것으로 밝혀졌습니다.

또 다른 단어는 막 언어를 배우기 시작했을 때, 저도 드라마와 한국 음악을 많이 봤는데, 이 단어는 어디에나 있을 것입니다. '대박'이라는 뜻인데요, 최근에 저는 이 단어가 성공을 의미하는 구절에서 나왔다는 것을 알게 되었습니다. 대박은 발음하기도 기억하기도 어렵지 않고, 사실 기억하기도 하지만, 가끔은 이 한 단어가 문맥에 따라 100개의 의미를 가질 수 있는 것처럼 느껴집니다.

I think the first word that I learned in Korean was – Yes (네) and for the longest time I thought that the word is - 데, just based of the sounds that I would hear from native speakers saying the word. That is why this word is interesting to me, it sounded like one thing and turned out to be another.

Another word is Daebak (대박) when I just started learning the language, I also watched a lot of dramas and Korean music, and this word would be everywhere. It means awesome, recently I found out that this word comes from a phrase (대박나다) that means to be successful. Daebak is not hard to pronounce or remember, in fact it is quite rememberable, yet it sometimes feels like this single word can have up to 100 meanings based on the context.

그리고 세번째는 '사과'를 의미하는 것이었습니다. 적어도 처음으로 사과라는 단어를 알게 되었을 때는 '과일 사과'라는 뜻이었습니다. 나중에 저는 나중에 그것이 사과(謝過)라는 것을 알게 되었습니다. 다른 많은 언어들처럼 어떤 단어들은 하나 이상의 의미를 가지고 있습니다. 누군가 여러분에게 '사과'이거나, 다른 '사과'를 요구할 수 있다고 생각하는 것은 여전히 흥미로운 일입니다. 그리고 여러분은 문맥을 바탕으로 그것을 알아야 합니다.

한국어는 체계적인 언어이고, 그것만으로도 재미있습니다. 그것은 배우기 쉽거나 적어도 읽기 쉽도록 만들어졌습니다. 이 멋진 언어나 일반적인 언어를 배우는 것에는 많은 이점이 있습니다.

한국은 최근에 세계를 폭풍처럼 점령하고 있고, 만약 누군가가 그것을 배우기를 원한다면, 그것을 배우기에 가장 좋은 때라고 생각합니다. 얼마나 많은 정보가 있는지를 고려할 때, 그렇게 하기 위한 열망, 인내심, 그리고 굽힐 수 없는 의지력을 가지면 됩니다. 가장 중요한 것은 포기하지 않고 노력하는 것입니다.

And the third one was (사과) it means apple, well at least the first time I learned the word it was just an apple, later on I found that it also means an apology. Just like in many other languages

some words have more than one meaning, jet it's still interesting to think that someone could ask you for apple or apology, and you should just know it based off the context.

The Korean language is a systematic language, that alone makes it interesting. It was created to be easy to learn, or at least read. There are many benefits of learning this wonderful language, or any language in general. Korea lately has been taking over the world like a storm, and I think if a person is wanting to do learn it, it has never been a better time to do it, considering how much information is out there, one just has to must have the desire, patience and unbendable willpower to do so. The most important thing is to try and not give up.

- 2023년 봄, 메기아 라우바Megija Lauva

11) '기다리다-잠깐만-괜찮다'

한국어를 배우는 것은 중국과 일본이라는 다른 두 동아시아 국가들을 볼 때, 가장 쉬운 일처럼 보일 수 있습니다. 하지만 여러분이 알파벳을 배우고, 수백 편의 드라마를 봤더라도, 그 언어는 여전히 여러분의 머릿속에 자리잡고 있는 것 같지 않습니다. 많은 규칙들과 예외들이 외국인들이 그것을 이해하기 어렵게 만듭니다. 하지만, 왠지 한국어로 된 시, 이야기, 음악이 당신을 끌어들이는 것 같습니다.

저에게 인상을 남긴 세 단어는 '잠깐만, 기다리다, 괜찮다.'

Learning Korean might seem the easiest task when you look at two other east Asian countries that are China and Japan. But even if you have learned the alphabet and watched hundreds of dramas, the language still doesn't seem to sit in your head. Many rules and exceptions make it hard for non-natives to grasp it. Yet somehow the poetry, stories, and music in Korean seems to draw you in.

My three words that left impression on me would be 잠깐만, 기다리다, 괜찮다.

먼저 '기다리다'는 단어로 시작하겠습니다. 저의 첫번째 고유동사를 배울 때, 그중 하나가 '기다리다'가 되거나, 기다리게 되었습니다. 그것은 재미있게 들렸고, 저는 그것을 말하는 것을 멈출 수 없었습니다. 적절한 문법이 사용되면, 재미를 잃을 수도 있지만, 그것은 내가 원래의 형태를 기억하는 것을 멈추지 않습니다. 또한 어휘를 기억하는 데 어려움을 겪는 사람에 대해서도 이것은 기억하기에 완벽한 단어였습니다. 그리고 그 이후로 더 재미있는 단어들이 알려졌고, 한국어를 배우는 것이 매우 재미있게 되었습니다.

그 다음에 '기다리다'와 잘 맞는 단어는 '잠깐만'입니다. 지금은 한국어를 공부한 적이 없는 사람들에게 말하곤 하는 일상적인 어휘가 되었습니다. 제가 드라마를 볼 때, 아마 오래 전에 들었던 단어. 그 당시에 그것이 무엇을 의미하는지 완전히 이해하지는 못했지만, 그것이 사용될 상황을 이해했습니다. 아마 지금은 이 단어가 한국어를 사용하지 않는 사람들 사이에서 농담이 되었을지도 모르지만, 솔직히 말해서 "please wait" 라고 말하는 것보다 "잠깐만"이 훨씬 더 재미있습니다.

I will start with word **기다리다**. When learning my first proper verbs, one of them came to be **기다리다** or to wait. It sounded fun and I couldn't not stop saying it. It might lose its fun when proper grammar is used, but it doesn't stop me remembering its original form. Also, as to a person who has a hard time remembering vocab, this was a perfect word to remember. And after that more fun words came into light and it became so much fun to learn Korean.

Next word that fits nicely together with **기다리다** is **잠깐만**. Right now **잠깐만** has become a staple of my everyday vocab, that i tend to say it to people who never studied Korean. The word I probably heard way ago when watching drama. Didn't fully understand what it meant at the time, but understood the situation it would be used in. Maybe now this word has become a joke between non-native Korean speakers, but lets me honest, saying **잠깐만** is much more fun than saying "please wait"

그리고 마지막 단어는 '괜찮다'입니다. 또한 저는 언론에서 처음 들었습니다. 아마도 어떤 종류의 케이 팝 노래일 것입니다. 이 한 단어가 담고 있는 그 말의 의미와 진심이 담긴 메시지를 파괴하는 것은 매우 쉽습니다. 또한 '괜찮다'고 말하는 단어는 조용한 글자를 가지고 있다는 것이 좀 재미있고, 제가 틀렸을 때, 기본적으로 "괜찮아요"라고 말하는 단어 자체입니다.

물론 한국어로 된, 저에게 특별하고 아름다운 단어들의 목록은 계속될 수 있지만, 짧게 하겠습니다. 한국어를 배울 때, 여러분이 포기하고 싶을 때를 기억하는 것이 중요합니다 "잠깐만 기다리세요, 괜찮아요."

And then the last word would be 괜찮다. Also, my first-time hearing in the media, probably in some kind of K-pop song. It's very easy to destroy the words' meaning and the heartfelt message that this one word holds. Also, the word that's saying it's okay is kind of funny that it has silent letter and when I get it wrong, it's basically the word itself saying to me "It's okay".

Of course, the list of special and beautiful words to me in Korean language could go on, but i will keep it short. When learning Korean it's important to remember when you want to give up "잠깐만 기다리세요, 괜찮아요."

- 2023년 봄, 사만타 테데예바 Samanta Tedejeva

3부

한글의 잠재력과 대응책

나랏말ᄊᆞ미 中듕國귁에 달아 文문字ᄍᆞᆼ와로 서르 ᄉᆞᄆᆞᆺ디 아니ᄒᆞᆯᄊᆡ 이런 젼ᄎᆞ로 어린 百ᄇᆡᆨ姓셩이 니르고져 홇 배 이셔도 ᄆᆞᄎᆞᆷ내 제 ᄠᅳ들 시러 펴디 몯홇 노미 하니라 내 이ᄅᆞᆯ 爲윙ᄒᆞ야 어엿비 너겨 새로 스믈여듧 字ᄍᆞᆼᄅᆞᆯ ᄆᆡᇰᄀᆞ노니 사ᄅᆞᆷ마다 ᄒᆡᅇᅧ 수ᄫᅵ 니겨 날로 ᄡᅮ메 便뼌安ᅙᅡᆫ킈 ᄒᆞ고져 홇 ᄯᆞᄅᆞ미니라

1. 유년시절의 '어말아글'

경우의 차이가 있겠지만, 엄마와 아기의 소통은 소리와 말로 시작한다. 의성어와 의태어 등 완전한 말이나 소리는 아니지만, 주로 시각과 청각, 후각과 촉각에 따른 반응이다. 그러나 누구도 어떻게 무엇을 소리했는지 모를 일이다. 다만 자식을 낳고 키우면서 아기가 뭐라고 반응하는지 부모로서 뒤늦게 알 수 있다. 언어 이전의 언어, 즉 옹알이를 지나서부터 아이는 엄마의 말과 소리를 알아듣고 따라 한다. 옹알이는 음절 반복이 가진 리드미컬한 음성 표출로 의성의태어 양상을 띤다. 이는 생후 1~3년 이내의 생애 초기에 오감과 더불어 접하게 되는 어휘들이다. 이후 엄마와 아이 사이에서 이루어지는 말은 시간이 흐르면서, 그리고 차츰 나이가 들면서부터 소통의 층위는 다양해진다.

여기서 유년 시절의 경험을 불완전한 기억으로 반추해 보자. 일어서서 걷고 움직이고 소리로 소통이 이루어지면서부터 우리 모두 비로소 첫 언어생활이 시작된 것이다. 물론 '말'을 가리킨다. 필자는 국민학교(지금은 초등학교)를 입학하기 전 한글을 제대로 읽고 이해할 수 있는 기회가 적었다. 대신 병풍에 쓰인 한문[30] 또는 설날 무렵 기둥이나 문지방에 부쳐놓은 "立春大吉(입춘대길), 건양다경(建陽多慶)" 같

---

30 대표적인 한문은 주희(중국 남송의 유학자, 1130~1200)의 '권학문'이다.
    少年易老學難成 一寸光陰不可輕 未覺池塘春草夢 階前梧葉已秋聲

은 한자는 '글'이었다. 이후 국민(초등)학교를 입학하고 난 다음에서야 인쇄된 한글을 접했다. 신기했다. 말과 글이 서로 호응한다는 것이. 더구나 집에서 아버지가 읽어주는 글 읽기는 선생님 목소리보다 훨씬 다정했다. 간추리면, 어머니로부터 '말'을 배우고, 아버지로부터 '글'을 알게 되었던 어린 시절 최초의 말과 글들은 성장 과정을 통해 드러나는 문화적 토대이자 잠재력이었으리라.

이를 다르게 빗대어 보자. 우리가 말하는 소위 '모국어' 또는 '국어'는 엄밀하게 말해서 적법한 언어적 정의가 아니라고 본다. '모국어(母國語)'는 나라와 국가라는 요소가 들어있다. 즉 민족주의나 국가주의적 이념이 내재되어 있다. 알려진 바에 의하면, 대략 20세기 초반부터 한국에서 이 말이 쓰이기 시작했다. 이 용어는 한 사람이나 한 지역의 고유한 언어를 가리키는 데 주로 언어교육 및 언어 관련 연구에서 사용되고 있다.[31] 외국어의 예를 살펴보자. 영어에서 모국어 또는 자국어는 'mother tongue' 또는 'native language'로, 독일어의 경우 'Muttersprache' 프랑스어로는 'langue maternelle' 등으로 쓰이면서, "어머니가 자연스럽게 아이에게 전하는 언어"라는 일차적 의미로 정의되고 있다. 세 나라의 단어는 한마디로 '엄마의 말'을 뜻한다. 즉 모어(母語) 또는 모성어(母性語)이다. 민족이나 국적 이전의 절대적 조건에서 이루어지는 인간의 첫 소통의 언어가 바로 어머니로부터 비롯한다는 데 있다.

---

31 "모국어"라는 용어의 사용을 최초로 밝힌 논문이나 출판물을 특정하기는 어렵다. 이 용어는 언어학 및 교육 분야에서 널리 사용되고 있으며, 사용된 시기나 출처를 명확히 밝히는 논문이나 출판물은 없어 보인다. "모국어"라는 개념은 언어교육과 언어습득에 관한 연구의 초기 단계부터 사용되었으며, 이용되는 용어로서의 역사는 상당히 오래되었다.

다른 한편으로 어린 시절을 돌이켜보면, 일제강점기 소학교를 다닌 부모가 가끔 쓰는 일본어와 우리말의 차이를 어릴 적에는 정확하게 구분할 수 없었다. 아무래도 명절에는 먹거리가 풍부해진다. 대표적인 것이 '떡'이다. "엄마, 떡 주세요!"를 자연스럽게 "오~카상, 모찌 구다사이!" 그게 우리말인지 외국어인지는 전혀 중요하지 않았다. 그냥 필요에 따른 입말에 불과했다. 지금 생각해 보면, 한국어에 가끔 일본어가 뒤섞여 있었다.

몇 가지 예를 더 들어보자. 머슴이나 상대방을 부를 때, "~~상"을 붙인다거나, 물건 값을 치룰 땐 "이찌 니 쌍 --- 시찌 하찌 구 주"로 셈을 했다. 인사는 수시무시로 "오하이오 고자이마스, 곤니찌, 곤방와", "아리가또 ---, 쓰미마셍, 와카리마셍 ---" 등 그 수를 셀 수 없을 정도로 일상적인 언어생활에서 일본어는 한국어와 뒤섞여 사용되었다. 더구나 사는 데 있어 아무렇지도 않았다. 그렇게 유년 시절 언어습득은 소위 '이중언어 bilingualism'였던 경험의 소유자이기도 하다.

1950~60년대 유년 시절을 보낸 한국인이라면 생활 곳곳에 깊숙이 뿌리 내린 일본어를 함께 예외 없이 경험했다. "도오죠, 스코시, 아리가또, 구루마 ---" 등 일상어는 물론 비속어나 나쁜 소리라 할 수 있는 "오야붕, 시다바리, 빠가야로 ---"[32] 같은 소리도 나이 든 어른이나

---

32 여기서 사용된 우리말 소리글을 원어인 일본어 히라카나로 옮기면 다음과 같다. "おかあさん、もちぐださい！", "いち、に、さん ---、しち、はち、きゅう、じゅう", "おはようございます、こんにちは、こんばんは", "ありがとう ---、すみません、わかりません ---", "どうぞ、すこし、ありがとう、くるま ---", "おやぶん、したばり(원래 의미는 도배전에 밑종이를 붙인다는 뜻이지만, 한국에선 '견습공 또는 부하'의 의미로 잘못 알려졌다)、ばかやろう …".

형들로부터 많이 듣고 살았다. 게다가 집을 짓거나 공사 같은 일을 할 때 어른들끼리 나누는 말은 거의가 일본어로 무슨 뜻인지도 몰랐다. 쉽게 말해서, 살아가는 데 있어 필요한 영역에서 소통은 물론 그나마 약간의 지식이 필요한 전문 분야, 특히 건축과 법률 쪽은 일본어가 없으면, 일이나 업무의 진행이 안 될 정도로 언어의 사회적 환경은 일방적이었다고 해도 과언이 아니었다.

해방 이후 자주독립 국가로서 우리가 사용해야 할 말은 한국어지만, 집요하게 아니 치밀하게 일제가 펼친 일본화 전략에서 일본어 사용은 부지부식간에 곳곳에 이미 깊이 뿌리를 내렸다. 이곳 라트비아를 비롯한 옛 소비에트연방국에 속했던 동북 유럽의 작은 나라들 역시 비슷한 역사를 갖고 있다. 러시아화를 위한 러시아어 정책에 따라 살아남기 위한 러시아어 학습은 불가피했다. 인간의 생존을 위한 언어 사용은 그냥 주어진 현실이다. 허울 좋은 민족주의, 이데올로기, 국가주의, 자주독립, 자유, 정의 같은 어려운 개념은 민중으로서는 모르거나 지나쳐 버리기 일쑤이다. 빵 한 조각, 물 한 모금이 절박한 상황의 연장선에서 이루어지는 소통의 수단이면 무슨 말이든 상관이었겠느냐!

그러나 반듯한 나라라면, 그 나라의 올바른 말과 글이 필요했다. 선각자들에 의해 서민이나 민중들에게도 민족정신을 일깨우고 싶지만, 그게 결코 쉽지 않았다. 우리(한국)는 일제로부터 강점되었던 기간이 38년이라 하지만, 추측컨데 50년이나 더 이어졌다면, 지금 아마도

우린 일본어 문자를 사용하고 있을지 모를 일이다.

조선시대까지 한문과 한자어가 절대적 지위를 가지면서, 통치 수단을 넘어 문자로서 문화적 기능이 확고했듯이, 이제는 일본어가 한문 대신 그 자리를 차지하고 있을지 모른다. 웃기고자 하는 말이 아니다. 역사적 사례는 널려 있다. 조선시대 기득권층의 한문 숭배까지는 아니겠지만, 유럽의 가장 대표적인 나라가 아일랜드이다. 자신들의 고유한 켈트어가 있었지만, 영국의 식민지 지배가 근 7~800년이나 이어지면서 말과 글은 거의 모두 영어로 대체되었다. 물론 현재 자국어 교육이 분명하지만, 자국인과는 물론 대외적 소통과 교류는 당연히 영어로, 언어의 꽃이라 할 수 있는 문학 역시 영어로 이루어졌다.

다른 예도 많다. 오늘날 중남미의 스페인어와 포르투갈어 사용역시 식민지 지배와 종교적 영향이 낳은 결과라 단정할 수 있다. 다음의 예는 바로 이곳 발트3국 가운데 라트비아의 경우에서 들어보자. 13세기 초부터 외세의 본격적인 침략이 이루어지면서부터 근 700년동안 말과 글은 독일어, 스웨덴어, 러시아어 등으로 점철되었다. 19세기 말 20세기 초에 이르러서야 민족적 각성의 계기를 통해 자국어 표현이 뚜렷해 졌고, 이후 많은 고난을 통해 특히 선각자, 문인, 사업가, 정치가에 의해 확산 정착되었다.

그러나 가까운 역사에서 보면, 발트3국은 2차 세계대전 이후 러시아에 편입되면서 다시 자국어로서 표현의 자유는 사라진다. 이러한 측면에서 일제는 유럽 제국주의와 많이 닮아있다. 대표적인 사례

가 바로 '창씨개명'이다. 지금 호적등본이나 토지소유권 관련 증빙서류를 발급해 보면, 아버지 할아버지 세대들의 이름은 거의 일본식 이름이다. 그나마 한 가지 우스운 점은 할머니 어머니들의 이름에는 일본식 창씨개명의 흔적을 찾아보기 힘들다. 사람 취급을 못 받았으니, 한글 이름마저 갖기 어려웠던 시기였다.

이곳 라트비아인은 물론 에스토니아인의 이름에는 유독 독일식 러시아식 이름이 많다. 반면 우리나라 역시 성씨는 거의 대부분 중국의 성을 따르고 있다. 지리적 역사적 환경이 다른데도 불구하고, 왜 이런 일들이 벌어졌을까? 한 마디로 생존을 위한 어쩔 수 없는 선택이었으리라. 그러나 우린 다른 외국과 달리 우리 고유의 성을 회복하지 않았고, 그럴 생각이나 의지도 없었던 것 같다, 지금도.

2. 신생독립국의 언어정책

라트비아는 이웃 에스토니아와 리투아니아와 마찬가지로 러시아에 병합된 지 50년이 넘어서야 재독립을 이룩한다. 독립국으로서 가장 먼저 시행한 정책이 바로 '자국어 사용'이었다. 자라나는 어린이들은 제도교육이 이루어지는 학교에서 앞선 세대들이 갖지 못했던 라트비아어 수업을 받게 되었다. 요약하면, 자신들의 말로써 글을 가르칠 수 있었다. 그러나 이러한 교육이, 즉 언어교육이 제 모습을 갖추는 데는 또한 식민지 시기만큼이나 어렵고 힘든 과정을 거치기 마련이다.

일본어의 영향이 모든 분야에 널려 있으면서, 한국어 교육에서 제대로 글쓰기까지 이르는 데는 한 세대 이상의 기간이 시간이 필요했으리라. 누가 이런 연구를 하지 않았겠는가는 모를 일이지만, 나의 기억에 비추어, 역사적 사실에 비추어 언어교육과 언어 사용에서 마지막 단계는 '글쓰기'이다. 앞서 언급한 아일랜드, 동부 유럽, 중남미, 그리고 아프리카, 중앙아시아의 어두운 역사를 관통해 보면, 말은 있어도 글자가 없는 나라가 대부분이다. 지금도 그들은 영어, 스페인어, 프랑스어, 포르투갈어, 독일어, 러시아어를 사용하고 있지 않은가! 그만큼 문자의 위력은 대단히 크며, 역사적으로도 지속성을 갖는다.

소통과 표현의 수단에 불과한 언어, 그 가운데 문자로 글쓰기가 이루어질 수 있는 능력을 기르고 키우는 데는 '듣기, 읽기, 말하기'보

다 많은 시간과 노력이 필요할 뿐만 아니라, 매우 어려운 일이다. 다른 한편으로 자국어를 사용하느냐 외국어이냐는 크게 문제가 될 수 없다. 익히고 다듬는 능력은 쓰기에서 잘 드러난다. 예를 들면, 한국인으로서 중국어나 한문 한자 사용이 중국 사람보다 우수한, 그리고 일본어 사용이 일본인보다 훨씬 나은 능력자들은 아일랜드와 중남미 훌륭한 문인들의 경우처럼 많고 많았다.

그러나 이곳 라트비아의 경우에서 말하고 싶은 것은 가장 최근 러시아의 지배가 2차 세계대전 이후 50년 가까이 이루어지면서 차츰차츰 러시아어가 문자로서 영향력을 키울 수 있었다. 따라서 라트비아는 독립 후 자국어 교육에서 '듣기, 말하기, 읽기'보다 '쓰기'라는 힘든 과정을 거쳐야만 했다. 독립 후 한 세대가 흐른 다음에서야 가능했다. 즉 1991~2020년 사이에 태어난 아이들이 독립세대로서 오늘날 라트비아의 젊은이들이기 때문이다.

이들이 대학에서 수학할 때 이제는 대부분 러시아어 대신 영어를 사용한다. 이것 역시 생존을 위한 소통의 문제이기도 하다. 즉 '모국어 1+외국어 2'라는 '유럽공통참조기준 European Common Reference Framework (ECRF)'에서처럼 유럽연합의 언어정책에 가장 적합한 나라이자, 실제 그렇게 3중 언어가 통용되고 있는 나라이다. 그러나 엄밀하게 따지고 보면, 이는 유럽연합 내에서 말로 소통하는 영역이지 글쓰기 능력은 3중 언어의 평균 수준에 이르지 못한다. 비교적 듣기 읽기 말하기는 필요에 따라 쉽게 학습되지만, 3개 언어로

쓰기만큼은 일반적인 수준에서 보면 그렇지 못하다는 뜻이다.

여기서 한 가지 중요한 사실을 확인할 수 있었다. 말과 글을 빼앗긴 국민이 다시 되찾은 말과 글로서 후손과 자신들의 뜻을 제대로 펼칠 수 있을까? 그렇지 않다. 생활 깊숙이 파고든 지배적인 언어의 영향은 쉽게 사라지거나 없어지지 않는다. 언어청산은 떨치고 싶어도 더딘 과정과 시간이 걸린다는 사실에 주목해야 한다. 이곳 대학의 시스템은 '3+2', 즉 학부는 3년 그리고 그와 연계되는 2년의 석사과정이다. 대학을 졸업하려면 논문을 제출해야 한다. 쉽게 말해서 독립 후, 자국어 교육과 사용이 한 세대를 지나쳤지만, 자국어인 라트비아어로 졸업논문으로 쓰는 학생은 드물었다. 대부분 영어로 작성했다.

마침내 올해 2023년부터 반드시 졸업논문은 라트비아어로 쓰도록 정부와 대학의 방침이 시행되었다. 이런 사례, 무엇보다 학생들과 면담을 통해 확인해 보더라도 이전에는 자국어로 논문을 쉽게 자유롭게 쓸 수 있다는 학생은 드물었다. 그러나 5년 전에 비해 지금은 라트비아어로 논문 쓰기를 주저하지 않는 학생이 늘었다. 다만 좋은 글이 어렵다는 솔직함도 함께 확인할 수 있었다.

다른 한편으로 자국어가 아닌 외국어의 경우는 어떨까? 본 글의 주제와 직접 연관되기 때문이다. 아니 반대급부로 자국어 관점에서 언어 사용을 전제한 것이다. 즉 자국어 습득과 어느 정도 학습이 이루어진 상태에서 외국어에서도 이와 같을까 또는 비슷할까? 결론은 자국어처럼 외국어 역시 '글쓰기', 즉 '글 짓기' 또는 '글 만들기'가 가장

힘들고 어렵다. 언어능력에서 '쓰기'는 사물과 대상에 대한 인식과 개념을 '듣고, 읽고, 말하는' 것보다 비교적 많은 노력을 하기 때문이다.

언어 사용에서 실수라는 면에서 보면, '듣기, 읽기, 말하기'는 불완전한 인간이기에 이해와 수정이 쉽게 가능하다. 그것의 가장 큰 이유는 인간 누구나 그걸 피할 수 없기 때문이다. 그러나 '쓰기'에서는 용서나 이해가 쉽게 주어지지 않는다. 이의 가장 대표적인 예가 논문이다. 대학이나 연구소에서의 가장 큰 잘못은 '표절'과 '베껴쓰기'이다. 또한 먼 과거든 가까운 과거든 모함, 저주, 저항, 반대, 칭송의 수단으로 '말'보다 '글과 문자'는 힘이 컸다.

여태까지 내용을 간추리면, 언어 사용에서 말과 글이 그 구체성을 확보하는 데 있어 '쓰기'는 인간의 오감에 의존하는 '듣기, 읽기, 말하기'와 차원을 달리한다. 물론 일반적 정의이다. 개인의 능력차가 엄연히 존재하므로 반드시 그렇다고 말할 수 없으며, 주장할 수도 없다.

필자의 경우 제도교육을 받으면서 부딪친 새로운 어려움은 바로 한자와 한문이었다. 즉 말이 아닌 문자였기에. 이와는 달리 극히 부분적으로 이루어진 유년 시절의 이중언어에서는 문자가 아닌 말이었다. 그러나 일본어 역시 칸지(한자)를 바탕하고 있기에 한국어 사용은 따지고 보면 어원적으로도 한자어와 관계를 결코 피할 수 없다. 한국어를 자국어로 사용하는 사람이든, 한국어를 외국어로서 배우는 학습자든 한자와 한문과의 연관성에 유의해야 할 것이다. 이로써 한국

어의 유연성을 확보하고, 역설적으로 역동성을 펼칠 수 있기 때문이다. 나아가 한글의 창조성을 이끌 수 있기 때문이다.

그러나 이러한 언어적 제한은 오히려 언어의 외연과 다양성 확보라는 측면에서 소통의 독특함이 때론 역설적으로 친밀감을 주는 매력으로 바뀌곤 한다. 앞으로 우리 문화에서 다중언어의 사용은 자연스러운 현상으로 받아들여지고 있지 않는가? 언어의 국수주의나 헤게모니는 더 이상 걸림돌이 될 수 없다고 본다. 한국어가 세계적인 위상을 확보하고, 과학적·실용적 언어로까지 받아들여지는 현상의 실체는 바로 한국의 문화, 즉 케이팝과 대중문화이다. 케이팝의 가사는 부분적으로 이중언어의 사용이 빈번하다. 소통과 공감, 공유 그리고 즐거움의 다양함이 21세기 들어 언어 사용의 지평을 바꾸고 있다. 그 대표적인 예가 '영화와 음악'이다. 문학에서도 다중언어 글쓰기는 이미 시작된 지 오래되었다. 대표적인 작가 가운데 한 작가를 든다면, 에스토니아의 문호 얀 크로스(Jaan Kross, 1920~2007)로서 그의 장편소설 『차르의 미치광이』에서 잘 드러나고 있다.

3. 한국어의 소리와 노래

"언어는 기억이다. 기억은 말과 글 그리고 움직임이다"라는 글귀가 있다. 가장 아름다운 한국어의 실체는 소리로서 그 가치를 가늠하는 데서 찾을 수 있지 않을까?! 그렇다면, 한 세대 훨씬 앞서 국내에서가 아닌 외국에서 한국어로 노래를 부르고 수상한 사실을 아는가? 나아가 외국인은 물론 한국인들마저 '외국국제가요제'에서 한국인 최초로 수상한 가수를 아는가?

외국인으로서 선택한 아름다운 한국어의 어휘들 가운데 노래와 시가 많이 관련되었다. 오늘날 세계적인 한국 가수들의 이름과 노래 가사들은 잘 알려져 있지만, 그 이전에도 좋은 반응을 얻었다는 사실에 주목할 필요가 있다. 1970년 '동경국제가요제'에서 <안개>를 부른 정훈희가 한국 대중가요로서는 최초의 수상자였다. 이 노래는 1967년 이봉조 작곡에 17세 정훈희 목소리가 덧붙여진 것이다. 그로부터 55년이 지난 2022년 제75회 칸국제영화제 감독상을 수상한 <헤어질 결심>의 주제곡(OST)으로 되살아난다. 박찬욱 감독이 영화를 만들려는 결심의 결정적인 계기가 반세기 전 한 가수의 소리였으며, 동시에 여전히 원음을 유지해 온 가수가 있었기에 가능했다. 자연스럽게 54년 동안 노래로 소리로 노벨문학상을 받은 밥 딜런에 비유되는 건 우연일까?

참으로 놀랍지 않은가! 여기서 우리말 '소리'에 근거한다면, 소리

의 초극과 음색이 살아나는 건 노래의 주체, 즉 인간의 목소리에 기인한다. 기존의 음악적 형식이나 규범을 넘어서는 창조를 의미할 수 있다. 그만큼 우리 말에는 미학적 아름다움과 보편적 값진 가치를 지니고 있음이다. 이를 확인하는 기회가 최근에 있었다. 2023년 1월 9일 방영된 MBC TV <뉴스외전>의 정훈희 대담프로에서 그가 가수로서 한 말이 인상적이었다. "한국인은 목청이 좋다. 그 근원은 전통 소리극 '판소리'에서 알 수 있다. 나도 요즈음도 계속 관심을 갖고 있다. 무엇보다 '우리말' 자체가 발성에 좋은 소리이다."

　　한복을 입고 한국어로 노래한 가수가 55년이라는 시공간을 뛰어넘는 천부적인 자질도 중요하지만, 노래가 소리이고 음색에 근거한다는 개념이 더욱 놀랍고 그만큼 소중하다. 목소리가 변하지 않은 것인가? 아님, 소리(말) 그 자체가 변함없는 것인가? 이처럼 소리를 듣고 배우는 외국어로서 한글, 문자로 읽고 배우는 외국어로서 한국어는 영화, 드라마, 음악, 영상을 통해 가장 인상적인 아름다운 글에 빠져드는 데 있어 결정적인 요소이기도 하다.

　　한글을 창제한 세종이 음악에도 큰 인식과 자질을 갖추고 있었다는 사실을 아는 외국인은 많지 않다. 세종은 1443년 훈민정음을 창제한 후, 훈민정음으로 <용비어천가(龍飛御天歌)> 125장을 제작하게 하게 하였다. 이후 1445년 이를 노랫말로 올린 '가(歌), 무(舞), 악(樂)'의 종합예술인 <봉래의(蓬萊儀)>를 창작하였다. 소리의 원천을 궁중음악으로 작곡한 작품이 바로 <봉래의>이다. '봉래의'는 궁중에서 연

주되던 대규모 악무(樂舞)로 조선 후기까지 연행(演行)한 풍류 음악 중 하나로 알려져 있다. 이 음악은 풍요롭고 우아한 분위기를 표현하며, 고귀한 느낌을 전달하기 위해 사용되었다. 궁중에서 주로 연주되었던 '봉래의'는 세종대왕의 음악적 업적 중 하나로 평가되고 있으며, 조선시대 궁중음악의 대표적인 작품 중 하나로 손꼽힌다.[33] 그 또한 작곡가이기도 했다.

이처럼 근원적으로 음악적 자질을 지닌 한국어에 매료된 외국인들로부터 들었던 말 가운데 가장 흔한 것은 '소리'가 좋아서 듣기는 물론 말하기에 푹 빠진다는 사실이다. 이 역시 새롭다. 한글이 음성문자로서 미학적 가치가 충분히 가늠되고도 남음이다. 그렇다면 대체 '음악'이란 무엇인가? 에서부터 소리에 기초한 '노래'는 또한 무엇인가에 대한 이해는 절대 언어라는 측면에서 간단한 설명을 필요하지 않을까!. 역사적으로 많은 철학자, 예술가, 과학자들이 내린 일반적인 정의는 "음악이란 작곡가(사람)가 어떠한 이론적 규칙과 범위 내에서 소리를 조작하여, 사람의 목소리(가수)나 기구(악기)를 통하여 전달하는 것이다."[34]

이전과 달리 오늘날 클래식 음악에 대한 관점이 많이 바뀌어 전

---

33 조선 초기에 창제된 정재(呈才; 대궐 안의 잔치 때 하던 춤과 노래)를 위한 무용음악의 하나이다. 세종 27년(1445) 4월에 권제, 정인지, 안지 등에 의해서 만들어진 용비어천가(龍飛御天歌)의 가사에 맞추어 작곡된 음악을 지칭하는 말로서, 그 음악에 맞추어 춤을 추었던 정재 및 무용음악의 총칭으로도 사용되었다. '봉래의'는 전인자(前引子)·진구호(進口號)·여민락(與民樂)·치화평(致和平)·취풍형(醉豊亨)·후인자(後引子)·퇴구호(退口號)로 구성되어 있다. 악보는 『세종실록』권140~145 사이에 전하면, 춤사위에 관한 기록은 『악학궤범』권5에 전한다. 참조, 한국민족문화대백과(encykorea.aks.ac.kr)

34 이원숙·정명근 공저, 『음악이야기』, 김영사, 1993, 38쪽.

문가 대부분은 여러 형태의 대중음악(popular music)까지 포함시키고 있다. 클래식이든 대중음악이든 궁중음악이든 어느 시대, 어느 지역을 막론하고 음악을 이해하는 데 가장 기본이 되는 요소가 있다. 소리나 말을 빌려 이를 음악이게끔 만드는 3가지 요소, 즉 음악의 재료는 선율(melody), 리듬(rhythm), 화성(harmony)이다. 이들의 본질을 이해하는 데 있어 작곡가, 가수, 악기가 필수적이며, 그리고 청중과의 대화는 소리의 변형으로 이루어진다. 이런 점에서 앞서 언급한 <봉래의> 작곡가 세종, <안개>의 작곡가 이봉조와 가수 정훈희에 대한 이해와 즐김이 이어진다면, 한글의 소리가 한국의 음악을 이해하는 데 있어 새로운 나아가 필수적인 차원이 될 것이라고 본다.

여기서 한 가지 덧붙여 노벨문학상을 끌어들여 보자. 문학과 문화의 일차적인 근원적인 바탕이 바로 언어이기 때문이다. 1953년 영국의 처칠(Winston Churchill 1874~1965)이, 그리고 미국의 밥 딜런(Bob Dylan 1941~)은 2016년 노벨문학상을 각각 수상했다. 작가가 아닌 정치가와 가수에게 어떻게 그러한 수상이 가능하단 말인가? 밥 딜런은 대중음악가로서는 최초로 이 영예를 안았으며, 그의 수상 이유는 다음과 같이 평가되었다. 그 가운데 주목할 부분은 미국 음악의 전통에서 새로운 시적 표현을 창조했다는 점이다.[35] 반면, 처칠의 수상작은

---

35 덧붙인 수상 이유는 시적인 가사로서 그의 노래 가사는 시적이면서도 자유, 평화, 저항의 메시지를 담고 있다. 마지막으로 음악적 혁신으로 그의 노래는 음악계에 몸담아 온 54년 동안 끊임없이 스스로 개혁해 왔으며, 노래 가사의 혁신을 이루었다. 참고로 밥 딜런은 미국 사회뿐 아니라 한국 사회에도 파급력이 대단한 뮤지션이었다. 그의 음악은 여러 분야를 망라한 내용을 시적으로 담아냈으며, 그는 자유와 평화를 외치며 노래하는 음유시인으로 불렸다. 그의 노래는 여러 세대에 걸쳐 많은 사람에게 감동을 전했다.

회고록인 『2차 세계대전』이다. 스웨덴 한림원이 처칠을 수상자로 선정한 이유는 다음과 같이, 즉 "역사적이고 전기(傳記)적인 글에서 보인 탁월한 묘사와 고양된 인간의 가치를 옹호하는 빼어난 웅변술"이라고 밝혔다.[36]

달리 하고 싶은 말은 노벨문학상에 대한 일반인들의 편견이나 선입견이다. 문학의 장르에서 본다면, 처칠은 산문집 수필가로서, 밥 딜런은 가수이자 서정시인으로서 아주 드물게 받은 것이다. 일반적으로 소설과 희곡, 가끔 시 분야에서 대부분 수상자가 결정되었다. 한국 가요에서는 가사(歌詞)로 알려지고 여전히 사용되고 있지만, 엄밀하게 말해서 '가사'가 아니라 서정시(抒情詩) 서사시(敍事詩), 즉 'lyric poems, epics'의 의미이다. 원래 시는 운율이다. 즉 시는 노래로, 소리를 문자로 최대한 살려보려는 힘겨운 때론 안타까운 노력의 산물인 셈이다. 다른 한편으로 시가 노래보다 낮다는 편견도 있지만, 그 둘 모두 '소리'에 기초하고 있다. 대표적인 예를 든다면, 슈베르트는 적지 않은 서정시를 바탕으로 해서 작곡했다. 우리나라의 동요와 가곡은 물론 대중가요 가운데 많은 한국의 시, 특히 서정시를 발견할 수 있듯이.

---

36 처칠은 말의 힘을 터득한 인물로, 그의 연설 재능과 언어로 전쟁을 바꾸는 능력이 높이 평가되었다. 그의 명언들은 역사 언어의 전당에 올랐으며, 그의 작품은 많은 사람에게 영감을 주었다.

4. 오늘의 한글, 한글의 앞날

스페인 초등학생들이 한복을 입고 동요 <반달>, <과수원길> 등을 부르고, 가끔 오스트리아 빈소년합창단이 내한하여 한국의 가곡과 동요를 부를 때 받은 감동은 늘 특별나다. 더구나 장기간 체류하는 타국에서 이를 듣고 볼 때는 눈가에 눈물이 저절로 고인다. 20세기 초 중반부터 시대를 관통하면서 오늘날까지 한국인들이 부르고 서정으로 감성으로 위로받았던 노래를, 우리가 아닌 다른 나라 사람들이 부르는 가곡과 동요를 듣다니! 최근 여러 나라 합창단에서도 <아리랑>을 비롯한 한국의 노래는 메마른 현지인들에게도 잔잔한 감동을 불러일으키고 있다. 여러 가지 원인도 있겠지만, 그들에게는 잘 알려지지 않은 새로움에 대한 긍정적인 호응과 창의적인 새로운 무엇이기 때문이지 않을까?

이보다 2004년 한글날을 기념하는 특집 KBS 다큐로 방영된 <위대한 여정, 한국어 1~3부>에서는 우리말의 기원을 찾아 여행을 떠나는 형식으로 "말의 탄생, 산과 바다를 넘어"에서 한국어의 기원과 한반도에 언제부터 정착되었는지를 탐사 보도했다. 그 가운데 1부를 간추리면, 한반도에 정착한 우리의 조상말은 대략 2만 년 전으로 추측하면서, 유목과 기마민족의 신화체계에 속하는 알려진 북방으로부터 이주와 농경민의 신화체계를 전수하는 남방으로부터 이주가 한반도에서 합류한 것으로 보았다. 시기는 대략 신석기와 쌀농사의 시작과

맞물려 있다는 전제이다. 즉 이들 두 기원에서 출발한 것이 '우리말'이 아닐까로 매듭지었다.[37]

이어 KBS 다큐 3부에서 국립국어연구원 이미혜 교수가 언급한 한글의 비전에 대한 함의적 내용이 눈길을 끌었다. "과연, 한국어는 세계어가 될 수 있을까?" 이는 가까운 미래에도 한국어의 가치를 제대로 인정받는 것이 가능한지, 최근 한류의 열풍에서 유추할 수 있는 한국어의 힘은 어디에서 나오는가?로 대체할 수 있는 내용이다. 동시에 문제점과 해결 방안도 함께 제시하고 있다. 무엇보다 한글 사랑의 원천은 국력의 신장, 즉 경제력에 기인한다. 문화도 결국은 경제로 귀결되는 논리적 구조에 놓일 수밖에. 탐사 보도할 당시 38개 나라에 278개 한국어학과가 정식으로 개설되어 있을 정도였다니, 그리고 이후 엄청난 증가만 보더라도 한국어의 새로운 가치는 이제 누구도 부정할 수 없을 것이다. 또한 세계 각국으로부터 한국과 한글에 대한 생생한 호응은 지금도 계속되고 있다. 문자 없는 민족과 소수족에게 한글 문자의 보급이나 남북한 언어의 이질성 극복이 미래의 과제일 것이다.

다른 관점에서 한글의 자질을 살펴보자. 한글의 위대함은 무엇일까? 단적인 예를 들어보자. 소리의 표현을 한글은 대략 8,800개 정도

---

37 1부 《말의 탄생, 산과 바다를 넘어》(041009), 2부 《말은 민족을 낳고》(041010), 3부 《말의 길, 한국어의 선택》(041017) 연속 시리즈로 방영되었다. 1부에서 한글의 기원을 외국인으로서 최초로 조사 연구한 핀란드 람스테트(Ramstedt)가 밝힌 알타이어족에 속한다는 주장에 이어 "한국어와 드라비다어 비교연구"(1905)한 헐버트(Homer B. Hulbert, 1863~1949) 등의 학술적인 참조에 근거한 것이다.

만들어 낼 수 있다. 반면, 일본어는 300개, 한자는 400개 정도로 알려져 있다. 세계의 언어 가운데 한글이 가장 많은 발음을 표기할 수 있다는 뜻이다. 미국의 램지 교수에 의해 "한글은 세계의 알파벳"[38]이라고 불리었듯이, 뒤늦게 1997년에서야 UNESCO에 세계문화유산으로도 등재되었다. 이를 충분히 뒷받침하는 학술적 근거를 모아보면, 다음과 같다. 첫째로 '인문성'이다. 무엇보다 일반 백성과의 소통이 한글 창제의 근본적인 정신이기에 충분히 이해될 수 있다. 그만큼 대중적인 잠재력이 충분하다. 다음으로 '과학성'으로 발성 구조에 근거한 기호화이기 때문이다. 셋째는 한글의 '철학성'이다. 하늘-땅-인간, 즉 천지인(天地人)을 상징하는 음양의 이치가 들어있다. 넷째는 '미학성'이다. 어떠한 언어보다 아름다움의 내적 잠재성을 갖고 있다. 한 마디로 '인문-과학-철학-미학'의 총체로 불린다.

그럼에도 불구하고 이러한 학문적 전문적 시각이 곧바로 한글 사랑과 연결되는 데는 논리적 현실적 무리가 따르기 마련이다. 소위 '국뽕'으로 불리는 개인 유튜버에서 한국어 열풍이나, 검증하지 못한 외국인 교수들의 편향된 한글 사랑, 나아가 미래 세계어로서 한글이 가장 우수하며, 더 나아가 미래의 언어를 지배할 것이라는 아전인수식 해설이 넘쳐난다. 더욱이 "사라질 뻔한 언어, 한글이 구했다"는 식

---

38 미국 메릴랜드대 로버트 램지(Robert Ramsey) 교수는 2009년 10월 6일 워싱턴 D.C. 주미 한국대사관 코러스하우스에서 '왜 우리는 한글날을 기념하는가'라는 한글날 563돌 기념 특별 강연을 통해 한글의 우수성과 한글창제에 담긴 소중한 인본주의 정신을 거듭 강조했다. 그는 또한 "한글은 한국의 높은 문화수준을 보여주는 상징이기도 하지만, 어느 한 나라를 뛰어넘는 중요한 의미가 있다는 점에서 세계의 선물이기도 하다"고 말했다.

의 한글 지상주의식 전망 역시 많은 문제점을 낳고 있다. 어설픈 한글 자랑이나 상업적 이득을 노리는 행위는 시청자들에게 혼란만 불러일으킨다. 이처럼 앞서 언급한 학자들의 역할이 있다면, 이와 달리 실제와 현상은 현실적일 수밖에 없다. 물론 서로 맞물린 관계에서 본다면, 한글의 미래를 가늠하는 척도가 실용성과 효율성에 있어야 하기 때문이다.

이쯤에서 마무리로 한글의 미래를 위한 나름 대안이 필요하지 않을까? 먼저 한국국제교류재단, 국립국어원, 한글학회, 대학의 국어국문학과, 한국연구재단, 정부의 관련 부처 등에서 관심과 지원이 계속되고 있으며, 새로운 대안을 마련하고 실천하고 있음은 주지의 사실이다. 또한 해외 대학의 한국어학과, 한국문화원, 세종학당 등에서 직접 한국과 한글을 알리고, 가르치고, 연구하는 분들은 대한 정당한 인식은 매우 중요하다. 또한 나라마다 자발적으로 이루어지는 한국어 학습과 문화 활동도 빠트릴 수 없는 현실이다. 그러한 노력과 수고 그리고 무엇보다 긍지를 갖고 국내외에서 활동하는 분들께 성원을 보낸다. 마지막이자 가장 중요한 요인은 한글을 배우고자 하는 사람들이다. 따라서 아래의 내용은 여태까지의 글을 근거해서 그리고 현장 체험을 통해 떠오르는 생각들을 나름대로 정리하는 것에 불과하다.

전제가 필요하다. 앞서 한글의 우수한 자질 가운데 으뜸은 무엇보다 '인문성'일 것이다. 특정 문자와 문자에 의해 종속되는 세상살이

에는 무엇보다 소통의 문제가 가장 큰 어려움이다. 세종의 애민정신(愛民情神)은 바로 여기에서부터 출발하고 있다. 오늘날에 이르러서는 옛날과 달리 전혀 다른 양상을 띠고 있지만, 근본은 역시 올바른 소통에 있다. 당시 중국 명나라의 문자를 수단으로 조선에서의 지배력 행사가 민중에게는 한마디로 고통 그 자체였으리라. 한글 창제에 대해 반대한 집현전 관리들에게 세종은 당시 일반 백성과 하급 관리들이 설총의 이두식 표기를 여전히 사용하였지만, 이것마저도 한자를 모르는 백성들에게는 큰 어려움이라는 실상을 들추었다. 이러한 한글 창제의 당위성은 그만큼 분명했다.

다른 한편으로 21세기 초 오늘날 문자를 가진 나라들의 문맹률과 난독성에 바로 맞닿아 있는 점이 바로 문자가 가져야 할 보편과 평등의 기능이라고 본다. 예를 들어보자. 중국의 상용한자는 대략 3,500자에 달한다. 중국의 언어학자 자오위안런[39]이 중국인의 문맹률이 2.67%라고 밝힌 바가 있다.[40] 그러나 실상은 필수 상용한자 500자만을 대상으로 한 결과이지, 실제 사회생활과 전문 분야까지 크게 확대하면 무려 70%에 달한다는 주장을 덧붙였다. 게다가 문자의 난독증은 문맹률과 다른 차원이다. 난독증은 언어에 따라 달라질 수 있다. 미국과 영국의 난독증은 12~20%에 이르는 반면, 한국은 5% 이하로

---

39 자오위안런(趙元任, 1892~1982)는 중국의 언어학자이자 수학자로 중국어 표음화의 기틀을 닦은 인물 중 한 사람이다.

40 참조: 유엔개발계획(UNDP, United Nations Development Programme)에서는 매년 인간개별지수(HDI, Human Development Indicators)를 발표하고 있다. 2003년 자료에 따르면, 한국의 비문맹률은 97.9%이다. 이것은 2.1%의 문맹률을 뜻한다.

훨씬 양호한 편이다.

그리고 이미 언급했듯이 한글은 음소 단위의 음성문자이지만, 일본어는 음절문자, 중국어는 단어문자, 즉 표의문자에 속한다. 정확한 진단과 실체를 필자로서는 밝힐 수 없지만, 여기서 말하고 싶은 점은 정보화, 디지털, 스마트폰, 챗지피티(ChatGPT) 등 디지털 정보화된 인공지능이 세상을 바꾸어 가는 시대 과연 한글은 살아남을까? 아니 미래의 언어는 인공지능에 의해 전혀 새로운 언어가 만들어지고, 지피티 같은 무소불위의 영향력을 행사하는 가까운 미래에 상징과 기호로 만들어진 에이아이(AI)의 언어가 세계인의 규범이 되지 말라는 법도 없다. 상상하지도 못할 일이지만, 미래는 누구도 예측하지 못하는 방향으로 규정되거나 통제될 수 있다. 왜냐하면, 편리함과 효능성에 매몰된다면, 차츰 무디어진 인간들에게 기계의 지배가 당연시될 것이기 때문이다. 그 기계마저 인간이 만들었기 때문에 역설과 자가당착(自家撞着)은 피할 수 없다. 어디까지나 가정이지만, 언어에서만큼 변화와 혁신은 이미 진행되고 있지 않을까!

5. 21세기 언어, 무엇이 이끌까?

  에스에프(SF) 소설이나 영화를 시청하고 나서 유추할 수 있는 미래는 일반인의 상상을 초월하고, 너무나 비현실적이라 솔직히 믿고 싶지 않다. 그럼에도 불구하고 영화처럼 차츰차츰 현실이 되어 가는 세상에 우리가 방치되는 것은 아닐까? 염려스럽다. 아니, 실제 그렇게 바뀐 세상에 우리가 살고 있다. 예를 들어보자. "우리는 왜 여기에 존재할까? 사랑한다는 것은 무슨 뜻일까? 어떻게 하면 고통을 극복할 수 있을까?" 등 6,000년 인류 전체의 보편적인 질문을 탐구하면서, 성경과 도덕경에서부터 고대 시인은 물론 현대 신비주의자들의 지혜에서 에이아이가 찾아낸 통찰이 나올 정도이다. 인류의 가장 빛나는 지혜를 몽땅 습득한 챗지피티에 인생의 복잡다단한 질문을 할 수 있게 되었다.[41]

  머지않은 미래는 인간의 지능을 완벽하게 갖춘 로봇과 더불어 인류가 공생하게 되는 세상일 수 있다. 그간 많은 공상과학 소설과 영화는 다양한 주제를 다루었다. 스필버그의 영화 <레디, 플레이 원 Ready, Player One>(2018)[42]도 그 가운데 하나이다. 그 어떠한 사건과 주제를 다룰지언정 로봇의 역할과 기능은 철저하게 인간에 종속되어 있다. 절대적 조건이었다. 이와는 달리 과연 인간처럼 감정을 지니고,

---

41 챗GPT·이안 토머스·재스민 왕, 『챗GPT, 질문에 답하다』, 이경식 옮김, 현대지성, 2023.

42 어니스트 클라인(Ernest Cline, 1972~)의 동명 소설을 영화화한 것으로 작가가 직접 각본 작업에 참여했다.

그것을 표현할 수 있거나 위해를 가할 수 있을까?

그렇지 않았다. 로봇이 아닌 인공지능 챗지피티는 요즘 인간의 감정을 그럴싸하게 위장하고, 사람과 거의 같거나 비슷하게 반응할 정도의 수준까지 기술의 발전이 덧붙여졌다. 이제는 이를 이용하는 사람들은 놀라움과 동시에 두려움을 갖는다. 나중에는 그것마저 무디어져 당연시하는 현상이 일어날 수 있을 것이다. 그러나 로봇을 제작하고 이용했던 가까운 과거에는 상상조차 하지 못했다. 이유는 영화 <아이 로봇>(2004, 소설 1940~50)에서도 나오지만 아이작 아시모프(Isaac Asimov, 1920~1992)의 '로봇 3원칙'이 있다. 간추려 인용하면, "제1원칙: 로봇은 인간에게 위해를 가하지 말아야 한다. 제2원칙: 로봇은 인간의 명령에 절대 복종해야 한다. 제3원칙: 로봇은 제1~2원칙에 위배되지 않는 한, 스스로를 지켜야 한다"이다. 여기에 제0원칙이 나중에 추가되었다. "제0원칙: 로봇이 인류에게 해를 가하거나, 행동하지 않음으로써 인류에게 해가 가도록 해서는 안 된다."[43]

그러나 이것도 이미 낡은 원칙이 될 정도로 세상과 기술은 하루가 다르게 급속하게 변했고, 변하는 중이다. 가장 대표적인 것이 바로 인공지능의 등장이다. 즉 검색의 시대가 사라지고, 인간의 지적인 활동도 자동화되고, 대량생산이 가능하게 된 21세기 초에 인류가 살고 있다는 사실이 놀라울 수밖에! 아래에 요약된 내용도 챗지피티와 나눈 필자의 물음과 그의 반응일 뿐이다.

---

43 이상금 외, 『대중문화와 문학』 교문사, 2015, 139~141쪽.

나아가 편리함과 위험에 현실적으로 직면한 인류의 대응을 소개해 보자. 먼저 유엔(UN)에서의 인공지능(AI)과 관련된 결의안은 여러 차례 제안되었고, 그 내용은 다양하다. 하지만 가장 최근의 대표적인 결의안 중 하나는 <인공지능 및 빅데이터와 관련된 국제사회의 개발>에 관한 것이다. 이 결의안은 2019년 11월 28일 유엔 총회에서 채택되었으며, 인공지능과 빅데이터의 혁신적인 잠재력을 인정하면서도 이러한 기술이 사회적, 경제적, 환경적 측면에서 발생할 수 있는 도전과 기회의 고려를 목적으로 하고 있다. 이 결의안의 주요 내용은;

(1) 인공지능과 빅데이터의 혁신적인 잠재력을 인정하면서도 이에 따른 도전과 기회 탐구.

(2) 인공지능 및 빅데이터가 지속 가능한 발전과 사회적 포용을 촉진할 수 있는 방안 모색.

(3) 이러한 기술이 신뢰와 투명성을 기반으로 하며 인권을 존중하는 방향으로 발전할 수 있도록 국제사회의 협력 촉구.

이 결의안은 다양한 국가들의 관점을 반영하여 제안되었으며, 인공지능과 빅데이터의 긍정적인 측면을 강조하면서도 그에 따른 문제점을 인식하고 대응하기 위한 국제적인 노력을 촉구하고 있다.

그렇다면 유럽연합(EU)은 어떻게 반응하고 대비하는지 궁금할 수밖에. 유럽연합은 인공지능과 관련된 윤리적인 이슈와 안전 문제

를 다루는 법안을 이미 제안해 놓은 상태이다. 2021년 4월에 유럽연합은 인공지능에 관한 첫 번째 규제 제안을 발표했다. 이는 인공지능 시스템의 개발과 사용에 대한 규칙을 제정하는 것을 목표하며, 주요 포인트는 다음과 같다. 참고로 이 법안은 현재 논의 중이며, 최종 통과 및 시행되기까지 다양한 수정과 변경이 있을 수 있다.

(1) 유럽연합 내에서 인공지능의 개발과 사용을 조정하기 위한 통합된 접근 방식 제안. (2) 고위험 인공지능 시스템에 대한 규제, 특히 안전, 프라이버시, 그리고 기타 권리 보호 강조. (3) 데이터 사용과 투명성을 강조하여 윤리적인 AI 시스템의 개발 촉진.

이를 다시 간추리면, 기술혁신과 인간의 기본법 보호가 초점이다. 덧붙여서 구체적인 내용의 한 부분을 살펴보자. "신원파악을 위한 실시간 안면 인식기술은 원천적으로 금지한다. 의료나 금융, 자율주행, 선거관리 같은 고위험 인공지능 기술을 쓸 때는 반드시 사람이 관리하도록 한다" 등이다. 제재는 무서울 정도다. 이를 위반할 경우, 전 세계 매출의 최대 7%에 달하는 과징금을 물어야 한다. 한마디로 기계 기술에 전적으로 의존하는 상황이 오기 전에 인류에게 엄중하게 경고하거나 이를 일깨우는 데 있다. 허약한 인간의 윤리와 도덕이 애처롭게 보호되는 것처럼 보인다.

왜, 이렇게 길게 로봇과 인공지능에 대한 소개가 필요할까? 로봇과 인공지능의 만능주의와 지상주의가 설사 완벽하게 이루어지지 않더라도 가능한 범위 내에서 이를 문화와 문학의 영역에서 본다면, 앞

으로의 방향은 누구도 예측할 수 없다. 무엇보다 인공지능에 의해 언어가 표준화되리라는 가정은 과연 논리적 비약일까? 그렇지 않다고 본다. 앞으로는 언어가 기호와 상징으로 간소화·단순화·단일화 과정을 거치면서, 전혀 새롭게 창조되거나 발생할 가능성은 항상 열려 있다. 즉 문화와 문학도 인공지능에 의해 대량 생산되고 소비되는 패턴이 오지 않는다고 누가 장담하겠는가!

다른 한편으로 모두가 문화의 생산자이자 소비자가 되는 세상, 누구나 작가나 예술가가 되는 세상은 이미 이루어지고 있지 않는가? 더구나 양자역학, 퀀텀 컴퓨터로까지 거듭나는 기술과 혁신, 인터넷, 모바일, SNS는 물론 시간과 공간의 구분과 차이가 없어지는 지구촌 공동체가 경제와 정치에 바탕하는 문화를 선도하리라. 인류의 역사에서 이와 유사한 변화와 주도권은 늘 미래를 대비하지 않는 사람들은 좋게 말해서 클래식으로 남을 수밖에. 그게 나쁘거나 잘못이라고는 보지 않는다. 그러나 이와 달리 오히려 적극적인 대응과 현명한 준비라면, 긍정적인 세상을 이어갈 수 있지 않을까! 그렇지만, 거대 담론에 빠지지 않고, 잠재력이 무한한 한글의 미래를 위한 나름의 대안을 제시하고자 한다. 예측이 가능하고, 실현이 어렵지 않을 것들만 간추려 보았다.

6. 한국어는 살아남을까?

무슨 쓸데없는 걱정이냐고 반문할지 모른다. 오랫동안 한글날을 맞이하는 특집과 갖가지 보도에 따르면, 한국어를 외국에서 외래어로 수용하는 역설적인 현상은 어떻게 받아들여져야 하는가? 언어 사용에서 어휘의 증가와 다양성은 소통과 교류에서 필수적이지만, 그것도 결국은 올바른 자국어가 튼튼하게 자리 잡고 난 다음이거나 병행하는 정책과 실천이 필요하다.

20세기까지 인류의 가장 위대한 발명품으로 세계의 학자들이 선정한 것 가운데 하나가 구텐베르크 인쇄술이었다. 문자의 발명이나 창조보다 말과 글을 널리 사용할 수 있도록 한 기술이다. 따라서 인류의 문명은 글자에 의해 집약되었다고 해도 과언이 아닐 것이다. 그러나 21세기 초반 이러한 문자에 의한 문화는 근본적으로 흔들린다는 판단이 든다. 문화를 대표해 온 문학의 사정을 들어보자. 독서와 독자를 일깨우는 작가의 역할은, 아니 작가의 생존은 괜찮은가? 한 해 한국에서 약 6만 종의 책이 출간되며, 초판을 판매하는 작가 전체의 약 10%가 전자 출판할 정도로 독서량의 감소는 비단 책뿐만 아니라, 거의 모든 인쇄물에서도 나타나는 현상이다.

1년에 책 한 권 안 읽는 사람도 1년에 책 한 권을 낼 수 있게 만들어 주는 것이 바로 챗지피티이다. 어쩌면 책 읽는 사람보다 책을 쓰는 사람이 많아질 수 있다. 기계 기술이 인간의 사적인 감정은 물론

주장, 견해, 가치 등 인간에 의해 이미 서술된 데이터를 바탕으로 이해하고 접근하는 묘사는 언제든지 무엇이든 가능하게끔 발전되었다. 미술과 사진, 음악과 노래를 가리지 않고 이미지 구성력과 음성도 편집하는 능력까지 갖추었다. 이는 말과 글의 힘이 변함없다는 판단, 그리고 문화와 문학에서도 여전히 유효할 수밖에 없다는 믿음이 인간 사고의 기저에 놓여 있기 때문에 인공지능이 할 수 있는 일이다. 그러므로 언어에 대해 새삼스럽게 접근하는 방안은 널려 있다고 본다.

그 가운데 하나가 바로 가장 아름다운 또는 인상적인 또는 기억에 남는 언어를 일깨우는 데 있지 않을까?! 이 책을 만드는 이유이기도 하다. 언어학자나 국어국문학자와 같은 전문가로서의 대안일 수 없다. 어디까지나 개인적인 경험과 평소 생각의 범위를 넓혀보고자 함이다. 달리 표현하면, 외국어를 배우고 가르친 입장에서, 이제는 그러한 외국어를 바탕으로 외국에서 한글을 가르치고 동시에 문제점과 개선 방안을 모색하려는 입장으로 바뀐 셈이다.

첫째, 한국어에 대한 조사와 연구는 국내뿐만 아니라, 이제는 외국인의 시각, 외국어로서의 새로움을 찾는 노력이 필요하다. 해외 수많은 한국어 한국학 관련 교육기관이나 대학에서 다양한 방법으로 다양한 주제로 조사와 연구가 뒤따른다면, 여태까지의 한글과 한국어에 대한 인식을 전혀 새롭게 할 수 있는 계기가 끊임없이 이어지면서, 한글의 체질을 바꾸고 면역력을 확보하리라 본다. 구체적으로 대상과 범위, 시기와 기간, 설문의 전제와 반응의 조건, 면담과 피드백

등 고려해야 할 사항 못지않게 정리 및 정돈하는 작업 역시 일관성과 주제가 분명해야 할 것이다. 이를 나라별 대륙별 시대별 연령층까지 범위를 넓히는 학술적 연구와 조사로 가능하다. 이를 위해 공신력이 있는 연구기관에서 한국어의 앞날을 미리 준비하는 발상의 전환이 필요한 시점이다.

둘째, 한국어의 체력을 새롭게 또는 강화에 대한 실용적 대응이다. 세종의 한글은 많은 변화를 거듭할 수밖에 없었다. 그러나 이제는 외국어로서 한국어뿐만 아니라, 모국어로서 한국어마저 그 정체성이 혼란스럽다. 21세기 인공지능이 세계의 거의 모든 언어를 번역하고, 새로운 언어를 만드는 시기에 한글 사용은 어려움에 직면하고 있다. 이를 위한 구체적인 대응 가운데 하나는 한글이 표음문자로서 기능과 역할을 제대로 회복하는 데 있다. 다르게 말하면, 한글의 정서법과 표준 문법에 따른 문자와 소리가 일치하지 않는 어휘를 가리키는 뜻이다. 즉 복잡한 받침의 표기이다. 일곱 개의 받침으로 대폭 줄이거나 소리만으로 이어쓰기 하는 획기적인 변화가 필요하지 않을까? 오죽하면 요즈음 중고등학교에서 '수포자(수학을 포기한 학생)'보다 '국포자(국어를 포기한 학생)'가 늘어난다는 소식이 들린다. 한자 못지않게 한국어 역시 어렵게 받아들여지고 있다.

오늘날 한글에서 탈락한 '반시옷, 옛이응, 여린히읗, 아래아'와 말의 높낮이인 평성, 거성, 상성을 살리는 방안도 함께 연구할 점이 아닐까? 덧붙여 변음, 토착어, 사투리, 비속어, 외래어, 고어 발굴과

수용은 세종의 한글 창제 과정에서도 잘 드러났으며, 심지어 어린이 말까지 정의공주로 하여금 연구 조사토록 했다. 그 정신을 살린다면, 한글의 어휘력은 알찬 증가와 변화를 꾀할 수 있기 때문이다.

셋째, 관용어 정립이다. 영어를 비롯한 외국어의 무분별한 사용은 한글의 정체성을 심각하게 훼손하고 있으며, 그 끝이 보이지 않는다. 역설적으로 한글을 이해하고 배우려는 자국인은 물론 외국인들에게조차 어리둥절할 수밖에 없는 지경이다. 언론 매체 역시 무책임한 편의주의와 상업주의에 매몰되어 가고 있다. 게다가 정부의 부처와 관련 관공서의 언어 역시 한글 전용의 원칙을 지키지 못하면서, 편의주의적 언어 사용은 한글을 망치는 주역에 가깝다. 달리 말해서 일반어와 관용어의 차이에 대한 기준은 말할 것도 없이 외래어 사용 역시 원어 병기가 한자어처럼 이루어져야 한다. 나아가 관공 서류에서만이라도 이중언어 또는 다중언어 사용이 필요하다. 글로컬 시대 역설적으로 한글만으로는 소통과 교류가 충분하지 못하다. 동아시아 문화권에서 보면 한중일이 함께 쓸 수 있는 한자어 생산을 함께 도모할 수 있지 않을까.

넷째, 모든 분야에서 한글 사용의 전면 확대이다. 부끄럽게도 일상적인 언어에서도 외래어와 외국어 오염이 심각하지만, 다른 한편으로 생활 분야에서도 이제는 새로운 한글로 대체되거나 신생어를 찾아보기 힘들다. 대중문화와 문학, 체육, 산업, 군사, 정치, 경제, 예술 등 우리말 개발이 거의 없으며, 편리하게 영어를 비롯한 외국어를

갖다 쓰며, 그것이 어느 사이에 무의식적으로 아무렇게나 사용되고 있다. 그중 일부는 얼마 지나지 않아 외래어가 된다. 우리말 사전에서 외래어가 차지 하는 비중은 기하급수적으로 늘어나고 있다.

대신 예를 들어 음식과 의상, 주거, 운동, 종교, 의료 같은 분야에서 실태를 조사하여 대안을 찾는다면, 무궁무진하게 새로운 언어를 사용할 수 있다.[44] 예를 들면, 챗지피티, 메타버스, 인공지능 등 과학과 기술 분야에서의 한국어 생산과 적용, 사용 역시 결코 가볍게 여길 수 없는 중요한 과제이다. 문화와 기술의 강국이면서도 자체에서 만든 창조적인 언어가 없다면, 독자적인 경쟁력 확보는 어불성설이다. 즉 거의 모든 분야에 한국어문학 전공자가 참여하거나 그들로부터 자문받아야 하는 제도적 장치가 요청된다. 그만큼 한국어 교육 역시 근본적인 변화가 필요한 시점이다.

다섯째, 한글 어휘사전의 보강이다. 넷째와 맞물려 있다. 미래 한글의 발전을 모색하고, 계기를 마련하기 위해 고전어, 사투리, 방언, 어린이와 젊은이들의 언어에 관심을 가져야 한다. 나아가 사전에서의 변화는 소리, 어원, 표기, 문장 부호 등에서 정리와 새로운 버전

---

44 대표적인 예를 의료분야에서 먼저 찾아보자. 쇄골->빗장뼈, 대전자->넓적다리큰돌기, 개구불능->입벌림장애, 슬흉위->무릎가슴자세, 이하선염->귀밑샘염(볼거리), amylase(아밀라제)->녹말분해효소, lysosome(리소좀)->용해소체, collagen(콜라젠)->아교질 등으로 바뀌었다. 참조, 대한의사협회 의학용어실무위원회(편저), 『의학용어집』(제6판), 군자출판사, 2020.
이어 한글 이름으로 새롭게 만나는 부산대 도서관에서의 사례이다. 기존의 명칭이 영문으로 사용된 경우가 많아 공간의 역할과 기능에 대해 이용자들에게 편리함과 접근성을 겨냥한 것이다. '복합문화공간'을 '문창마루'로, 이어 'iCOMMONS->문창누리, 러닝커먼스->새벽마루, 이노베이션파크->새벽누리' 등으로 변경되었다. 참조, 부산대학교도서관, 『효원in도서관 vol. 56』, 2024.

이 필요하다. 그리고 사전의 참여진에 각 분야, 특히 인문 사회 영역에서 비켜나기 일쑤인 '예술/과학/기술/체육/의학' 분야의 전문가 초빙 또는 역으로 각 분야에 쓰이는 용어나 표현에서 외국어 표현을 지양하여 한국어 생산과 사용을 도모할 필요가 있다. 각 분야의 현장에 한국어 전공자를 파견해서라도 새로운 어휘 개발의 계기와 실천이 이루어져야 할 것이다.

나아가 인공지능에서까지 국가적 차원에서 21세기~22세기 미래의 한국어 개발, 언어의 부호화와 기호화를 위한 전략이 요청된다. 세종과 같은 한글 창제의 정신을 이제는 아주 새롭게 계승하고 체계화하지 못할 바가 아니지 않는가!

덧붙여 엉뚱한 질문을 해보자. 오늘날 언어적 차원에서 본다면, 현재의 실상과 미래의 가능성과 대비책은 어떤 관계함수에 놓여 있는가? 나아가 인공지능으로 인해 한국어는 살아남을 수 있을까? 인공지능에 의한 언어의 표준화와 기계언어의 지배가 이루어지지 않는다는 보장은 없다. 기술의 지배, 과학의 만능주의, 그로 인한 언어에서의 절대 권력을 어떻게 대비해야 할 것인가? 기후, 환경, 인구, 식량, 바다, 우주 등 21세기 인류의 키워드에 가늠하거나 가름하는 근원은 바로 소통의 매체인 언어이거나 명령어이기 때문이다.

여섯째, 의성어 의태어 발굴과 개발, 활용이다. 한류 바람을 타고 한국 문화가 많은 세계인으로부터 관심과 사랑받고 있음은 주지의 사실이다. 이러한 문화를 가능케 하는 그 원천과 에너지는 바로

한글이다. 한글의 과학적 창제 과정에서 드러났듯이, 누구나 쉽게 배울 수 있는 표음문자 한글은 그 독특한 어법과 풍부한 아름다운 어휘이면서도 중국어나 일본어에 비해 언어학자들의 관심을 덜 받은 것 또한 사실이다. 우리 학자들의 노력도 부족했지만, CHILDES(Child Language Data Exchange System)[45]와 같은 세계적인 코퍼스corpus[46]에서도 자료가 열악하다. 특히 이웃 중국과 일본의 언어에 비해 한국어의 의성어 의태어에 대한 인식과 연구가 매우 부족하다.

따라서 한글을 새롭게 하는 전략 가운데 의성어 의태어 발굴이나 개발 및 활용이다. 의성어 의태어는 인간의 감각이나 신체 행동을 운동 또는 움직임 묘사라는 차원에서 표현하는 특성을 갖는다. 동시에 마음의 움직임, 즉 역동성을 잘 표현하는 독특함이 들어있다. 달리 의성어는 귀에 들리는 청각에, 의태어는 청각 이외의 감각에 의한 움직임이나 상태를 표현하는 감성어에 속한다. 그리고 이 둘을 동시에 지칭할 때는 '의성의태어'로 표현한다.

의성의태어는 인간의 감각적 인식에 근거한다. 왜냐하면 인간 생명체의 기본적인 오감에 기초하므로 아동에서부터 성인에 이르기까

---

45 '아동언어데이터교환시스템'으로 Brian MacWhinney와 Catherine Snow가 제1언어 습득 데이터의 중앙 저장소 역할을 하기 위해 1984년에 설립한 코퍼스를 뜻한다. 1990년 대 초부터 이러한 시스템에서 발견된 데이터를 쉽게 조작할 수 있는 계산 자원이 일반적으로 사용 가능해졌다. 이후부터 이를 활용한 아동 언어습득에 관한 연구가 크게 증가했다. 현재 Carnegie Mellon University의 Brian MacWhinney가 감독 관리하고 있다. 참조, https://www.academia.edu.

46 말뭉치 또는 코퍼스는 자연언어 연구를 위해 특정한 목적을 가지고 언어의 표본을 추출한 집합을 뜻한다. 컴퓨터의 발달로 말뭉치 분석이 용이해 졌으며, 분석의 정확성을 위해 해당 자연 언어를 형태소 분석하는 경우가 많다.

지 누구에게나 직관적으로 감각적으로 생산, 표현, 소통, 이해 등이 가능하다. 다른 한편으로 의성의태어는 언어습득의 기반이 되는 "언어 이전의 언어"[47]로 불리기도 한다. 즉 성인뿐만 아니라 아이에게도 서로 소통하고, 이해할 수 있는 공통적 표현이기 때문이다. 또한 의성의태어는 습득의 시기(Age of Aquisition; AoA)가 가장 빠르다. 생후 초기 1~3년 이내 감각 경험과 더불어 접하는 어휘들이다.

일곱째, 노래와 음악에서 외연의 확대이다. '소리'에 연관해서 보자. 전 세계적으로 젊은이들로부터 사랑받는 케이팝의 주역이라 할 수 있는 방탄소년단, 블랙핑크 같은 노래보다 일반인들에게는 5음계 트로트나 뽕짝, 나아가 국악, 가곡과 동요 역시 동시대인들에게 큰 반향을 불러일으키고 있다. 음악의 3요소 가운데 선율과 리듬에서의 한국의 동요와 판소리, 가곡은 음의 질서와 흐름에서 한국인만의 전통적인 정서와 문화가 깔려 있다. 게다가 대중가요는 더욱 일상적 애환을 담고 있으므로 세계인들에게 감동과 즐거움을 안겨주는 것이 아닐까! 국민 가수로 불리는 이미자와 조용필의 동요 부르기가 또 다른 감흥이다. 대중가요에 집중하는 현상 못지않게 한국의 다양한 전통적 음악, 가곡, 동요, 판소리 같은 노래와 소리에도 한국어의 잠재력은 풍부하다. 무엇보다 한국어의 세계 표준화에서 핵심은 소리이지

---

47 일본의 철학자이자 언어학자인 미츠오 오사카(Mitsuo Osaka, 1948~)는 '언어 이전의 언어'라는 개념을 다룬 연구로 잘 알려져 있다. 그의 연구는 주로 언어의 기원과 본질, 그리고 언어가 형성되기 전의 상태에 대해 탐구하며, 이러한 개념이 언어학적 또는 철학적 담론에서 어떤 의미를 가지는지를 분석했다. 특히 그는 인간의 언어가 어떻게 생겨났는지, 그리고 언어가 등장하기 전에 인간의 사고와 감정이 어떻게 표현되었는지를 탐구하는 학자이다.

문자가 우선권을 갖는 것은 아니라고 본다.

여덟째, 예술적 장르와 글로벌 비즈니스에서 한글의 역할이다. 글로벌 시대 문화 교류의 새로운 패러다임은 먼저 예술적 가치에 있다. 세계인들이 일상에서 접하는 영화, 패션, 디자인, 교육, 마케팅 등에서 관심은 새롭게 일고 있다. 예를 들면, 영화 <아이언맨> 시리즈로 유명한 헐리우드 스타 로버트 다우니 주니어는 팔에 한글 '강인함'이라는 타투(문신)을 새겼으며, 파리 패션 아이콘으로 한글 디자인이 루이비통과 디올의 콜렉션에 선보일 정도로 단순한 문자를 넘어 디자인적 가치를 보이기도 했다. 국내 대기업에서는 제품 이름과 광고 문구에 한글을 적극 활용함으로써 한국의 이미지를 강조하는 한글 디자인 마케팅을 꾀하고 있다. 스포츠와 음료, 화장품 분야에서 종종 한글을 사용하는 디자인도 소비자에게 많은 사랑을 받고 있다.

덧붙여 한국인의 정서와 미의식을 잘 드러내 주는 예술적 창작 욕구 역시 주목할 부분이다. 한글의 아름다운 선과 획을 현대적으로 재해석한 켈리그래피 아티스트들에게는 예술적 영감의 원천으로, 한글 특유의 조형미와 균형미는 예술가들에게 창작 욕구를 불러일으키고 있다. 타이포그래피 및 설치 예술가들에게는 새로운 예술 장르로 나아가는 데 있어 한글의 고유성과 독특함이 매력적일 수밖에 없을 것이다. 해외에서의 이러한 반응과 새로움을 만들어가는 현상에서 한글의 가치를 떻게 재정립하느냐는 역설적으로 우리에게 있지 않을까?

아홉째, 수화(手話) 교육과 사용의 전기를 마련하는 일이다. 소리

와 문자만으로 이루어지는 소통의 한계를 극복할 수 있는 새로운 표현 수단에 손짓, 몸짓, 표정, 입 모양의 입체적 언어가 유용하지 않을까! 청각 장애인에게만 한정되는 것이 아니다. 일반인으로서도 삶의 지평을 달리하는 새로운 세상이 열린다. 즉 문자(文字), 구화(口話)와 더불어 초등학교에서부터 수화(手話) 교육이 이루어지고, 이의 일상화는 갈수록 단순화 간소화 되는 언어적 소통에서 분명 매력적인 대안일 수 있다. 더구나 한글을 바탕한 국제표준화된 수화를 정립시키는 일은 우리가 세종의 후손이라면, 못할 일도 아니리라고 본다.

끝으로 한류에 대한 정부 또는 지자체의 역할과 기능이다. 한글의 과학적 구조와 조합성은 디지털 환경에 최적화된 문자로 평가받고 있다. 인공지능 시대 한글은 기계가 이해하고 처리하는 데 있어 용이한 구조를 갖추고 있다고 알려져 있다. 한글 기반의 인공지능은 번역과 음성, 시각 인식의 분야에서 핵심적인 역할을 맡고 있다. 한류의 영향으로 시작된 한글의 인기와 많은 관심은 이제 문화와 예술, 비즈니스, 교육 등 다방면으로 확산되었다고 볼 수 있다. 그렇다고 자만해서야 되겠는가! 그만큼 한글의 혁신이 역설적으로 필요한 시점이다. 문화 교류의 소통과 장에서 인류 보편의 가치를 실현하고, 글로벌 평화에 기여할 수 있기를 희망한다면, 너무나 순진한 욕심일까?

여태까지 언급한 것은 21세기 새로운 한글의 창조와 활용에 기반해서 문화와 기술을 선도할 수 있는 국가적 전략과 해외 현장에서의 반응과 대응책이다. 대중문화, 케이팝, 한식, 기술과 과학 등 4대

핵심적인 한류의 현황 분석과 그 대책은 관련 분야의 전문가 참여를 필요로 한다. 그러나 언제든 어디서든 필연적으로 생겨나는 문제점의 대비와 이의 해결 역시 함께 대안을 마련하는 것이 중요하다. 즉 정부는 정책과 전략에 따라 다양하게 지속적으로 지원하되 세부적으로 간섭하지 않는다는 원칙을 지켜야 한다. 물론 상황에 따른 가변성과 순발력 또한 필수적인 점 역시 간과되어서는 안될 것이다. 이 둘의 분명한 경계가 없기 때문이다.

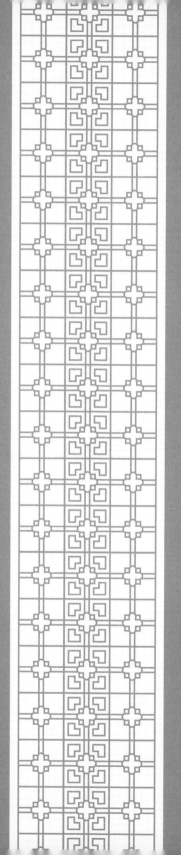

4부

OED의 한국어와 표준국어대사전

나·랏:말ᄊᆞ·미 中듕國·귁·에 달·아
文문字·ᄍᆞ·와·로 서르 ᄉᆞᄆᆞᆺ·디 아·니ᄒᆞᆯᄊᆡ·
이런 젼·ᄎᆞ·로 어·린 百·ᄇᆡᆨ姓·셩·이
니르·고·져·ᄒᆞᇙ·배이·셔·도
ᄆᆞ·ᄎᆞᆷ:내 제·ᄠᅳ·들 시·러 펴·디
:몯ᄒᆞᇙ·노·미 하·니·라
·내·이·ᄅᆞᆯ 為·윙·ᄒᆞ·야 :어엿·비너·겨
·새·로 ·스·믈 여·듧字·ᄍᆞᆯ 밍·ᄀᆞ노·니
:사·ᄅᆞᆷ:마·다 :ᄒᆡ·ᅇᅧ :수·ᄫᅵ니·겨·날·로·ᄡᅮ·메
便뼌安한·킈 ᄒᆞ·고·져 ᄒᆞᇙ ᄯᆞᄅᆞ·미니·라

OED의 한국어와 표준국어대사전

앞서 간략하게 소개한 '옥스포드 영어사전'에 실린 한국어 표제어 설명을 추가로 요약하면, 다음과 같다.

Oxford English Dictionary(OED)의 이번 업데이트에서 한국어 관련 작업은 총 35건이다. 26개 표제어 신규 등재와 별도로 '한글', '김치', '양반', '태권도' 등 기존 한국어 유래어 11개 뜻을 수정했다. 즉 기생(gisaeng), 한글(Hangul), 주체(Juche), 김치(kimchi), 고노(Kono), 코리언(Korean), 케이-팝(K-pop), 시조(sijo), 태권도(taekwondo), 원(won), 양반(yangban) 등이다.

그러나 가장 주목되는 작업은 'K-복합어' 항목 신설이다. OED는 한류가 확산하면서, 'K'로 축약된 'Korean'이 다른 명사와 결합해서 한국이나 한국의 대중문화와 관련된 명사를 형성한다고 규정했다. 그러면서 방탄소년단, 블랙핑크와 같은 "K-팝, '사랑의 불시착', '킹덤' 등 K-드라마의 성공은 지금 너무나 널리 퍼져 있어서 (한류 관련 표제어를) 하나가 아니라 두 개의 이름으로 옥스포드 사전에 막 등재했다"며, '한류'를 뜻하는 'Hallyu'와 'Korean wave'가 OED에 정식으로 등재되었음을 밝혔다.

한류 콘텐츠 유행을 엿볼 수 있는 단어들도 눈에 띈다. 이미 외국인에게도 익숙해진 'oppa(오빠)'와 'unni(언니)' 등 다양한 한글 호칭도 OED에 새롭게 등재됐다. 특히 OED 측은 "'oppa'와 'unni'는 한국 밖

에서 사용될 때 주목할 만한 변화를 겪어왔다"며, "K-팝이나 K-드라마 팬들은 'unni'를 자신의 성별과 무관하게 그들이 좋아하는 한국 여성 배우나 가수를 부를 때 사용한다고 친절한 설명을 곁들었다. 반면에 동남아시아에서 'oppa'는 매력적인 한국 남성, 특히 유명한 배우나 가수를 부를 때 사용한다"는 것이다. 그러면서 주요 용례로 이민호, 박서준, 이종석, 지창욱 등 한류스타를 '최고의 오빠(ultimate oppas)'로 명명한 2021년 초 한 트위터 글을 인용했다.

이 밖에도 OED 측은 'PC bang(피시방)', 'skinship(스킨십)'과 아예 'Konglish(콩글리시)'를 표제어로 사전에 추가했다. 나날이 외국에서 인기가 늘고 있는 한국 음식 역시 대거 OED에 추가됐다. 김치와 함께, banchan(반찬), samgyeopsal(삼겹살), galbi(갈비), kimbap(김밥) 등이 새로 등재됐다. 즉 '치맥'(치킨+맥주)에 대해선 "2014년 K-드라마《별에서 온 그대》로 인해 한국 밖에서 유명해지게 되었다. 한국 배우 전지현이 연기한 주인공이 지속해서 치맥을 갈구하고 또 먹으면서 한국 프라이드치킨의 대유행이 중국과 그 이외의 지역에서 시작되었다"고 자세하게 분석까지 했다.

결론적으로 1857년 편찬 개시·1928년 초판 완성 후 영어 문화권의 최종 해설자로서 권위를 인정받아온 OED 측은 "최신판에 수록된 한국어 유래 단어들은 그야말로 영화, 음악, 패션뿐 아니라, 영어라는 언어에서도 우리 모두가 한류 전성시대를 구가하고 있음을 알 수 있다"고 평가했다.

아래는 영어로 된 보도자료 원본이다.

The oldest K-word in this *OED* update is of course the one that K-stands for: *Korean*. First added to the *OED* in its 1933 supplement, the dictionary's entry for both the nominal and adjectival uses of *Korean* have now been fully revised. The place name Korea has been used in English from the beginning of the 17th century, and its demonym soon followed, with the adjective appearing earliest in a 1614 letter written by Richard Cocks, the head of a British East India Company trading post in Japan, and the noun referring to a person from Korea first appearing in Peter Heylyn's 1621 geographical book *Microcosmus*. Originally spelled Corean, the word did not acquire its current spelling with an initial K until the 1800s, and it is also in this century when the noun referring to the Korean language is first seen in print. The English words Korea and Korean come from the Korean word *Goryeo* (also transliterated as Koryŏ), the name of a kingdom in East Asia (including a large part and eventually all of the Korean peninsula), originally a shortened form of *Goguryeo*, the name of the largest of the Three Kingdoms of Korea,

which merged in the 10th century. In 1392, the place name in Korean was changed to *Joseon* and in 1897 to Han– (in *Daehan*, literally 'Great Korea'), but the form based on the earlier name *Goryeo* continued in use in other languages, including English.

Several centuries later, in the late 1990s, *Korean* was shortened to simply *K-* and combined with other words to form nouns relating to South Korea and its popular culture. The oldest of these formations, *K-pop*, first appears in an article in the 9 October 1999 issue of *Billboard* magazine. It was first included in the *OED* in 2016 and revised as part of the current update. But before K-pop, there was *trot* (first attested 1986)—a genre of Korean popular music that originated in the early 1900s during the Japanese occupation of Korea. Trot is an interesting reborrowing—it comes from the *-trot* in *foxtrot*, after the Korean word *teuroteu*, which itself is shortened from pokseu teuroteu, a borrowing into Korean of the English word foxtrot.

An entry for *K-drama* has also been newly added to the *OED*, with a first quotation dated 2002 taken from the

Singaporean newspaper *The Straits Times*. Fans of such recent international television hits as the romantic comedy *Crash Landing on You*, the fantasy police procedural *Signal*, and the historical zombie thriller *Kingdom* know that despite its name the K-drama can be of any genre.

It was the success of K-pop and K-dramas that initially fuelled the rise of international interest in South Korean pop culture, a phenomenon that is now so widespread that it has not one but two names that have just entered the OED: *hallyu* and *Korean wave*, both first seen in 2001. Hallyu, a borrowing from Korean, also means 'Korean wave' when literally translated, and it is now also being used in English to refer to South Korean pop culture and entertainment itself, not just its increasing popularity.

이번 업데이트에는 한국 음식이 눈에 띄게 포함되어 있으며, 다음과 같은 7개의 새로운 항목이 추가되었음을 아래와 같이 소개하고 있다: (Korean food features prominently in this update, with new entries being added for the following.) 영어 풀이 아래의 한글은 편의적으로 한국어로 번역한 것이다.

❖ **banchan**(first attested 1938) - a small side dish of vegetables, etc., served along with rice as part of a typical Korean meal.

반찬(1938년에 처음 등재) - 전형적인 한국 식사의 일부로 밥과 함께 제공되는 야채 등의 작은 반찬.

* 밥에 곁들여 먹는 음식을 통틀어 이르는 말(편집 2018.7.); 출처- 국립국어원, 『표준국어대사전』.

....

❖ **bulgogi**(1958) - a dish of thin slices of beef or pork which are marinated then grilled or stir-fried.

불고기 - 쇠고기나 돼지고기를 양념에 절이거나 볶아서 만든 요리.

....

❖ **dongchimi**(1962) - a type of kimchi made with radish and typically also containing napa cabbage.

동치미 - 무로 만든 김치의 한 종류이며 전형적으로 양파 양배추도 포함되어 있다.

....

❖ **galbi**(1958) - a dish of beef short ribs, usually marinated in soy sauce, garlic, and sugar, and sometimes cooked on a grill at the table.

갈비 - 보통 간장, 마늘, 설탕에 재우고 때로는 식탁에서 석쇠에 구워지는 쇠고기 갈비 요리

[사진 15] 갈비

❖ **japchae**(1955) - a dish consisting of cellophane noodles made from sweet potato starch, stir-fried with vegetables and other ingredients, and typically seasoned with soy sauce and sesame oil.

잡채 - 고구마 전분으로 만든 셀로판 면을 야채와 다른 재료들과 함께 볶고, 일반적으로 간장과 참기름으로 양념한 음식.

❖ **kimbap**(1966)- a Korean dish consisting of cooked rice and other ingredients wrapped in a sheet of seaweed and cut into bite-sized slices.

김밥 - 김 한 장에 쌀밥과 다른 재료들을 싸서 한입 크기로 자른 한국 음식.

[사진 16] 김밥

❖ **samgyeopsal**(1993) - a Korean dish of thinly sliced pork belly, usually served raw to be cooked by the diner on a tabletop grill.

삼겹살 - 보통 식탁 위의 석쇠 위에서 저녁 식사자가 요리하기 위해 날것으로 제공되는 얇게 썬 삼겹살 한국 음식.

이후 이어지는 소개글에서는 한국의 가장 상징적인 먹거리 가운데 대표적인 '김치'(1888년 처음 등재)와 '치맥'에 얽힌 이야기를 곁들였다. 그리고 의상 가운데 대표성을 띄는 '한복'(1952년), 한국의 무술 '당수도'(1957년)와 '태권도'(1962), '한글'(1935년), 한국의 전략 게임 '고노 Kono'(1895? 1995년), 소리분야에서 '시조'(1896) 등에 대한 설명을 이어갔다. 나머지는 앞서 소개한 내용이므로 원문을 싣는다.

The entry for the most iconic Korean dish of them all, kimchi, first attested in 1888 and originally added to the OED in 1976, has also just been fully revised. Another notable reborrowing is a food term—*chimaek* (2012), borrowed from the Korean *chimaek*, which combines the chi- in *chikin* with the maek- in *maekju*. Maekju is the Korean word for 'beer', while *chikin* is a Korean word borrowed from the English word chicken, although in Korean chikin only means 'fried chicken' and not the live animal. The use of chimaek in English goes back to 2012, but this combination of fried chicken and beer was popularized outside South Korea by the 2014 K-drama *My Love from the Star*. The lead character on this fantasy rom-com, played by top South Korean actress Jun Ji-hyun, constantly craved and snacked on *chimaek*, thus starting a Korean fried chicken craze in China and other Asian countries where the show was a huge hit.

Words referring to older features of Korean culture are also included in this update. There are new entries for

hanbok (first attested 1952), the traditional Korean costume worn by both men and women; and the Korean martial art *Tang Soo Do* (1957). There are also revised entries for *Hangul* (1935), the name of the Korean alphabet; *Kono* (1895), a Korean game of strategy; *sijo*, the name both for a type of Korean classical vocal music (1896) and a Korean verse form (1948); and *taekwondo* (1962), another widely practiced Korean martial art.

Also making it into this batch are the words *aegyo* (1997), a certain kind of cuteness or charm considered characteristically Korean, similar to the Japanese word *kawaii*; *manhwa* (1988), a Korean genre of cartoons and comic books; *mukbang* (2013), a video featuring a person eating a large quantity of food and talking to the audience; and the typical Korean expression *daebak* (2009), an interjection expressing enthusiastic approval used in a similar way to 'fantastic!' and 'amazing!'. The update also includes a set of respectful forms of address and terms of endearment used in Korean-speaking contexts. *Noona* (1957) is used by a male speaker to address or refer to his older sister or older female friend; *oppa* (1963) by a female speaker to address or refer to her older brother, older male friend, or boyfriend; and *unni* (1997) by a female speaker to address or refer to her older sister or older female friend. The last two words, however, have undergone a noteworthy semantic change when used outside of Korea. In the K-pop

and K-drama fandom, unni is often used by fans of all genders to address a Korean actress or singer they admire, while in Southeast Asia, oppa is also used to refer to an attractive South Korean man, especially a famous actor or singer (2009). The OED entry for this new sense of oppa quotes a Twitter post from earlier in 2021 naming South Korean actors Lee Min-ho, Park Seo-joon, Lee Jong-suk, and Ji Chang-wook as the 'ultimate oppas'.

이러한 설명과 정의에서 저자가 나름 파악한 문제점은 다음과 같다. 물론 OED는 이에 대해서 충분히 심사숙고하고, 분명 원칙과 기준을 정해 따랐으리라 본다. 그럼에도 불구하고, 이번 기회를 통해 몇 가지를 지적하고자 한다.

현행 한국에서 시행되고 있는 <외래어 표준어 표기 규정>에 어긋나는 2021년 OED의 표제어 표기에서 예를 들면, "파이팅, 누나, 당수도, 김치, 김밥, 한글, 먹방 등"에서 표기가 완벽하게 일치하지 않는다. 이미 널리 사용되어 굳어진 표기라는 점, 그리고 소리 나는 대로 문자화하느냐, 한국이 아닌 영어권에서의 발성 구조는 물론 언어사회적 합의를 고려한다면, OED의 선택과 정의가 나름대로 기준에 따랐다고 믿는다. 이에 문제를 제기하는 것이 아니라, 앞으로 개정하거나 수정할 경우 원어인 한국어의 외래어 표기법에 대한 고려가 좀 더 반영되기를 바란다.

대표적인 예로 '누나'를 'noona' -> 'nuna'로 고쳐야 마땅하다. 또 '태권도'는 'taekwondo'이지만, '당수도'는 'Tang Soo Do로 표기되는데 'dangsudo' 또는 'Dangsudo'가 맞다고 본다. 로마자 'T'도 그렇고, 무엇 때문에 띄어쓰기와 MR식 표기를 했을까?

음성문자로서의 발음을 기준으로 표시하는 것이 맞지 않을까? 예를 들면, '한류'는 'hallyu'로 표기한 것처럼. '애교, 반찬, 불고기 등' 또한 제대로 소리에 충실한 음역(phonetic transcription, transliteration)이었기 때문이다. 다른 한편으로 <표준국어대사전>을 펴내고, 관리하는 한국의 '국립국어원'은 OED에 이러한 조언을 통해 보다 나은 표기를 이끌 수 있지 않을까.

OED Korean words/국립국어원 <표준국어대사전>[48]

1. aegyo, n. and adj. (OED)

    n. Cuteness or charm, esp. of a sort considered characteristic of Korean popular culture. Also: behaviour regarded as cute, charming, or adorable

    adj. Characterized by 'aegyo', cute, charming, adorable.

애교(愛嬌), 명사(표준국어대사전)
남에게 귀엽게 보이는 태도.

---

48 참고: 옥스포드 영어사전에서 풀이된 내용은 번역하지 않으며, 비교 대상인 한국어 사전은 국립국어원에서 펴낸 사전에 따른 것이다. 이하 'OED'와 '표준국어대사전' 괄호 표시는 생략한다. 연도가 표시된 경우는 편집이 이루어진 시기를 뜻한다.

2. banchan, n.

Forms: 1900s- banchan, 1900s- panchan, 1900s- panch'an

In Korean cookery: a small side dish of vegetables, etc., served along with rice as part of a typical Korean meal.

반찬(飯饌), 명사
밥에 곁들여 먹는 음식을 통틀어 이르는 말. (표준국어대사전 2018.7.19. 변경전과 변경후의 차이점은 '늑밥반찬·식찬·찬.'이 있고 없음이다.)

3. bulgogi, n.

Forms: 1900s- boolgogi, 1900s- bulgogee, 1900s- bulgogi, 1900s- bulkoki, 1900s- poolgogi, 1900s- pulgogi, 1900s- pulkoki

In Korean cookery: a dish of thin slices of beef or pork which are marinated then grilled or stir-fried.

불고기, 명사
쇠고기 따위의 살코기를 저며 양념하여 재었다가 불에 구운 음식. 또는 그 고기.

4. chimaek, n.

In South Korea and Korean-style restaurants: fried chicken served with beer.

Popularized outside South Korea by the Korean television drama My Love from the Star(2014)

*표준국어대사전에는 없음, 대신 '우리말 샘'에 실려 있음.

치맥(chicken麥), 명사
'치킨'과 '맥주'를 아울러 이르는 말.

5. daebak, n., int., and adj.

n. Something lucrative or desirable, esp. when acquired or found by chance; a windfall, a jackpot.

int. Expressing enthusiastic approval: 'fantastic!', 'amazing!'

adj. As a general term of approval: excellent, fantastic, great.

대박(大박), 명사
어떤 일이 크게 이루어짐을 비유적으로 이르는 말.

....

6. dongchimi, n.

Forms: 1900s- dongchimi, 1900s- tongchimi, 1900s- tongch'imi

In Korean cuisine: a type of kimchi made with radish and typically also containing napa cabbage, spring onions, green chilli, and pear, traditionally eaten during winter.

동치미, 명사
무김치의 하나. 흔히 겨울철에 담그는 것으로 소금에 절인 통무에 끓인 소금물을 식혀서 붓고 심심하게 담근다.

....

7. fighting, int.

Forms: α. 2000s- fighting. β. 2000s- hwaiting

Esp. in Korea and Korean contexts: expressing encouragement, incitement, or support: 'Go on!' 'Go for it!'

파이팅(fighting), 감탄사
운동 경기에서, 선수들끼리 잘 싸우자는 뜻으로 외치는 소리. 또는 응원하는 사람이 선수에게 잘 싸우라는 뜻으로 외치는 소리.
(2021.2.18. 변경 전은 <영>fighting, 변경 후는 <영>▼fighting)

8. galbi, n.

Forms: 1900s- galbi, 1900s- kalbi

In Korean cookery: a dish of beef short ribs, usually marinated in soy sauce, garlic, and sugar, and sometimes cooked on a grill at the table.

갈비, 명사
소나 돼지, 닭 따위의 가슴통을 이루는 좌우 열두 개의 굽은 뼈와 살을
식용으로 이르는 말.

9. hallyu, n.

Forms: 2000s- hallyu, 2000s- hanllyu, 2000s- hanlyu, 2000s- hanryu

The increase in international interest in South Korea and its popular culture, esp. as represented by the global success of South Korean music, film, television, fashion, and food. Also: South Korean popular culture and entertainment itself. Frequently as a modifier, as in hallyu craze, hallyu fan, hallyu star, etc. Cf. Korean wave n., K- comb. Form.

한류(韓流), 명사
우리나라의 대중문화 요소가 외국에서 유행하는 현상. 1990년대 말에 중국,
일본, 동남아시아에서부터 비롯되었다.

10. hanbok, n.

A traditional Korean costume consisting of a long-sleeved jacket or blouse and a long, high-waisted skirt for women or loose-fitting trousers for men, typically worn on formal or ceremonial occasions.

한복(韓服), 명사
우리나라의 고유한 옷. 특히 조선 시대에 입던 형태의 옷을 이르며, 현재는 평상복보다는 격
식을 차리는 자리나 명절, 경사, 상례, 제례 따위에서 주로 입는다. 남자는 통이 허리까지 오
는 저고리에 넓은 바지를 입고 아래쪽을 대님으로 묶으며, 여자는 짧은 저고리에 여러 가지
치마를 입는다. 발에는 남녀 모두 버선을 신는다. 출입을 할 때나 예복으로 두루마기를 덧입
는다.

11. japchae, n.

Forms: 1900s- chap chae, 1900s- chap ch'ae, 1900s- chap-chae,
1900s- chap-ch'ae, 1900s- chapchae, 1900s- chapch'ae,
1900s- chap chee, 1900s- chapchee, 1900s- jab chae,
1900s- jabchae, 1900s- jap chae, 1900s- japchae

A Korean dish consisting of cellophane noodles made from sweet potato
starch, stir-fried with vegetables and other ingredients, and typically
seasoned with soy sauce and sesame oil.

잡채(雜菜), 명사
여러 가지 채소와 고기붙이를 잘게 썰어 볶은 것에 삶은 당면을 넣고 버무린 음식.

[사진 18] 잡채

12. K-, comb. Form

Forms: 1900s- K-, 2000s- k-

Forming nouns relating to South Korea and its (popular) culture, as
K-beauty, K-culture, K-food, K-style, etc.

* 케이 합성어는 등록되어 있지 않으나, '케이 뷰티', '케이 푸드'는 '우리말 샘'에 실려 있음.

케이 뷰티(K-beauty), 명사
『복식』한류의 영향으로 나타난 것으로, 한국 스타들의 메이크업을 이르는 신조어. 해외에서
한국의 대중 문화를 동경하여 인기 연예인들의 화장법을 따르고 배우려는 문화 현상이다.

케이 푸드(K-food), 명사
전 세계적으로 인기를 끌고 있는 우리나라의 음식을 통틀어 이르는 말. 한식뿐 아니라 라면, 김, 제과 등의 가공식품까지 포함한다.

13. K-drama, n.

A television series in the Korean language and produced in South Korea. Also: such series collectively.

케이 드라마(K drama), 명사
한류의 확산으로 국제적인 인기를 얻고 있는 대한민국의 드라마.

14. kimbap, n.

Forms: 1900s- kimbap, 2000s- gimbap

A Korean dish consisting of cooked rice and other ingredients wrapped in a sheet of seaweed and cut into bite-sized slices.

김밥, 명사
김 위에 밥을 펴 놓고 여러 가지 반찬으로 소를 박아 둘둘 말아 싸서 썰어 먹는 음식.

15. Konglish, n. and adj.

n. A mixture of Korean and English, esp. an informal hybrid language spoken by Koreans, incorporating elements of Korean and English.

adj. Combining elements of Korean and English; of, relating to, or expressed in Konglish.

콩글리시(Konglish), 명사
정통 영어가 아닌, 한국어식 영어를 속되게 이르는 말. 한국어식으로 발음된 단어, 원어에 없는 방식으로 만들어진 영어 표현 따위를 가리키는 말이다.
(2018.2.20.변경 전; 한국식으로 잘못 발음하거나 비문법적으로 사용하는 영어를 속되게 이르는 말.)

16. Korean(wave), adj. and n.

Forms: 1600s-1900s Corean, 1800s- Korean

adj. Of, belonging to, or relating to Korea, or to Koreans and their language.

n.

1. A native or inhabitant of Korea; a person of Korean descent.
2. The agglutinative language of Korea, which has its own writing system (cf. Hangul n.2), and different standardized official forms used in North Korea and South Korea.
3. Short for Korean chrysanthemum n. at Compounds.

1. 한국인, 명사
한국 국적을 가졌거나 한민족의 혈통과 정신을 가진 사람.

2. 한국어, 명사
『언어』 한국인이 사용하는 언어. 형태상으로는 교착어이고, 계통적으로는 알타이 어족에 속한다고 보는 것이 일반적이다. 한반도 전역 및 제주도를 위시한 한반도 주변의 섬에서 쓴다. 어순(語順)은 주어, 목적어(또는 보어), 술어의 순이며 꾸미는 말이 꾸밈을 받는 말의 앞에 놓이는 것 따위의 특성이 있다.

---

17. manhwa, n.

A Korean genre of cartoons and comic books, often influenced by Japanese manga. Also: a cartoon or comic book in this genre.

만화(漫畫), 명사
1. 이야기 따위를 간결하고 익살스럽게 그린 그림. 대화를 삽입하여 나타낸다. 늑만필화.
   (2018.7.19. 변경 전과 변경 후의 차이점은 '늑만필화.'가 있고 없음이다.)
   이야기 따위를 여러 장면으로 그린 그림. 대화를 삽입하여 나타낸다. (2018.10.26. 변경 후)
2. 사물이나 현상의 특징을 과장하여 인생이나 사회를 풍자·비판하는 그림.
3. 붓 가는 대로 아무렇게나 그린 그림.
4. 웃음거리가 되는 장면을 비유적으로 이르는 말.

18. mukbang, n.

Forms: 2000s- muk bang, 2000s- mukbang, 2000s- meok bang, 2000s- meokbang

A video, esp. one that is livestreamed, that features a person eating a large quantity of food and talking to the audience. Also: such videos collectively or as a phenomenon.

* 등재되어 있지 않음.

---

19. noona, n.

Forms: 1900s- nuna, 2000s- noona

In Korean-speaking contexts: a boy's or man's elder sister. Also as a

respectful form of address or term of endearment, and in extended use with reference to an older female friend.

누나, 명사
1. 같은 부모에게서 태어난 사이거나 일가친척 가운데 항렬이 같은 사이에서, 남자가 손위 여자를 이르거나 부르는 말.
2. 남남끼리 나이가 적은 남자가 손위 여자를 정답게 이르거나 부르는 말.

---

20. oppa, n.

Forms: 1900s- oppa, 1900s- Oppah

1. In Korean-speaking contexts: a girl's or woman's elder brother. Also as a respectful form of address or term of endearment, and in extended use with reference to an older male friend or boyfriend.

2. An attractive South Korean man, esp. a famous or popular actor or singer.

오빠, 명사

1. 같은 부모에게서 태어난 사이이거나 일가친척 가운데 항렬이 같은 손위 남자 형제를 여동생이 이르거나 부르는 말.

2. 남남끼리에서 나이 어린 여자가 손위 남자를 정답게 이르거나 부르는 말.

....

21. PC bang, n.

In South Korea: an establishment with multiple computer terminals providing access to the internet for a fee, usually for gaming.

피시-방(PC房), 명사
손님이 인터넷 따위를 이용할 수 있도록 개인용 컴퓨터를 갖추어 놓고 영업을 하는 곳.

....

22. samgyeopsal, n.

Forms: 1900s- samgyupsal, 2000s- samgyeopsal, 2000s- samgyeupsal, 2000s- samgyopsal

A Korean dish of thinly sliced pork belly, usually served raw to be cooked by the diner on a tabletop grill.

삼겹살(三겹살), 명사
돼지의 갈비에 붙어 있는 살. 비계와 살이 세 겹으로 되어 있는 것처럼 보이는 고기이다.
늑세겹살. (2018.7.19. 변경 전과 변경 후의 차이는 '늑세겹살.'이 있고 없음이다.)

....

23. skinship, n.

Esp. in Japanese and Korean contexts: touching or close physical contact between parent and child or (esp. in later use) between lovers or friends, used to express affection or strengthen an emotional bond.

스킨십(skinship), 명사
피부의 상호 접촉에 의한 애정의 교류. 육아 과정에서 어버이와 자식 사이, 또는 유아의 보육이나 저학년의 교육에서 교사와 어린이 사이에서 그 중요성이 강조된다.

24. Tang Soo Do, n.

Forms: 1900s- Dang Soo Do, 1900s- Dangsoodo, 1900s- Dangsudo, 1900s- Tang Soo Do, 1900s- Tangsoodo, 1900s- Tang Su Do, 1900

A Korean martial art using the hands and feet to deliver and block blows, similar to karate.

당수도(唐手道) * 등재되어 있지 않음.

25. trot, n.

A genre of Korean popular music characterized by repetitive rhythms and emotional lyrics, combining a traditional Korean singing style with influences from Japanese, European, and American popular music. Also (and in earliest use) as a modifier, as in trot music, trot song, etc.

트로트(trot), 명사
<음악> 우리나라 대중가요의 하나. 정형화된 리듬에 일본 엔카(演歌)에서 들어온 음계를 사용하여 구성지고 애상적인 느낌을 준다.

26. unni, n.

Forms: 1900s- eonni, 1900s- unni, 2000s- eoni, 2000s- eonie, 2000s- eonnie, 2000s- unie, 2000s- unnie

In Korean-speaking contexts: a girl's or woman's elder sister. Also as a respectful form of address or term of endearment, and in extended use with reference to an older female friend or an admired actress or singer.

언니, 명사
1. 같은 부모에게서 태어난 사이이거나 일가친척 가운데 항렬이 같은 동성의 손위 형제를 이르거나 부르는 말. 주로 여자 형제 사이에 많이 쓴다.
2. 남남끼리의 여자들 사이에서 자기보다 나이가 위인 여자를 높여 정답게 이르거나 부르는 말.
3. 오빠의 아내를 이르거나 부르는 말.

마치면서

나의 경험

우리는 우리가 처음으로 알게 된 말과 글에 대해 궁금해하거나, 관심이 현격히 적다. 왜, 그럴까? 이러한 호기심은 나중에 모국어가 아닌 외국어 학습에서 모순되게 생겨났다. 물론 모국어의 환경처럼 조건과 상황은 다르지만, 그러한 풍경은 낯설고 신기하고 새롭기까지 하다. 우리와 다른 나라의 말소리와 문자로 인해 마법 같은 세상을 만나 홀로 노니는 것처럼. 그로부터 한참을 지나 새로운 세상을 찾아 나섰다. 한국학술진흥재단(현 한국연구재단) 파견 한국학 강의 교수로서 1995~97년 독일 본대학에서, 즉 낯선 세상 사람들에게 한국어와 한국문학의 강의는 흥분에 가까운 감동이었다.

이어 정년 후 2018년부터 5개월 동안 라트비아대학에서 연구와 교육하면서, 세종학당의 주최로 라트비아공대(RTU)에서 열린 <2018년 한국어말하기경연대회>에서 심사위원으로서 느낀 경험은 한마디로 놀라움이었다. 경연자 13명의 발표는 매우 인상적이었으며, 당시 젊은이들(동유럽)의 관심과 열기의 원인을 알 수 있었다. 그

가운데 돋보이는 건 그들에게 끼친 케이팝의 영향이다. 예를 들면, 최상의 인기를 얻고 있었던 '방탄소년단' 노래의 영향력이 컸다. 예상 밖의 호응과 반응으로 한국어 사랑의 실체를 확인할 수 있었던 좋은 기회였다.

오랫동안 이러한 개인적인 체험의 원동력은 한국어와 외국어로부터 비롯되었다. 이후 많은 시간 그리고 몇 번의 고민을 거듭하면서 내린 결론은 선택과 집중이었다. 이렇게 시도한 작은 조사의 결과가 하나의 마중물이 되었으면, 더 많은 계기가 대륙, 나라, 도시, 대학 등에서 각자 자율적 만들어지고 발전적으로 이어졌으면 하는 바람이다. 미래의 한글은 이러한 노력과 연구가 계속되고 무언가 새로움을 창의적으로 추구하는 데 달려있다고 본다. 이는 한 나라의 말이나 글에 국한되는 것이 아니라, 보편적 가치를 추구하는 언어 자유주의와 민주주의에 맞닿아 있기 때문이다. 보다 구체성을 띤다면, 한국은 물론 한국어를 배우는 수단으로써 한글에 대한 새로운 가능성은 역설적으로 계속되어야 하며, 열려 있어야 한다는 소신이다.

다른 한편으로, 현대에 이르러서도 문맹자와 난독증이 늘어나는 마당에 이제는 컴퓨터, 모바일, 인공지능 등 기술의 발전에 따라 이모디콘, 부호와 상징으로 언어가 갈수록 단순화 기호화되는 경향이다. 다중언어 사용은 물론 이러한 언어의 속성이 변함으로써 한 가지

기존 언어로 소통이 불가능한 시대에 현재의 인류가 살고 있다. 인공지능을 통해 저장과 복사는 물론 언어 간 상호 문자 번역과 음성 통역은 이제 어디서든 언제든지 컴퓨터의 인터넷이나 모바일 폰에서도 쉽게 이루어진다.

그러나 그 끝이 없어 보이는 언어의 외연적 확장도 따지고 보면, 누구에게나 그 출발점이 있다. 따라서 앞서 다루었던 한국어의 첫인상 가운데 가장 인상적인 또는 아름다운 말과 글은 무엇일까? 이를 아는 것은, 기억하는 것은, 기록하는 것은, 또한 무슨 의미가 있는 것일까?

그건 한마디로 언어로서의 소통에서 첫사랑과도 같은 감동이자, 그 감동을 이어가는 삶의 원동력이기 때문이다. 달콤할 수도, 아련할 수도, 뇌리에 각인되는 충격 같은 것일 수도 있다. 다르게 표현하면, 낯섦에서 새로움을 얻는 생기와 활력을 갖는 계기이다. 그러나 여기서 추구하고자 하는 가장 큰 이유는 우리말을 다른 나라 사람들이 어떻게 받아들이고, 생각하는지에 대한 관심이다. 즉 타자를 통해 자신을 알고 싶은 것이다. 이러한 객관성 확보를 위한 노력은 사람 사이의 문제에만 국한되는 건 아니다. 다른 한편으로 내게 소중한 것이 상대에게는 그렇지 못하거나 사소한 것으로, 내게는 대수롭지 않은 것이 상대에게는 매우 값진 것으로 받아들여지는 경우도 허다하다.

내가 유년 시절 부모가 가끔 사용하는 일본어, 글자는 몰라도 소리로 알 수 있었다. 중학교 때 처음 배운 외국어로서 영어, 그때까지도 잘 몰랐던 한자와 한문의 뜻, 고등학생으로서 독일어, 중국(홍콩) 무협영화에서 들었던 중국어, 대학에서 독일문학, 사회생활에서 스스로 배운 일본어, 학자로서 필요한 만큼의 프랑스어, 발트3국에 대한 관심으로 시작한 에스토니아어, 정년 후 라트비아에서의 라트비아어, 틈틈이 필요한 만큼의 러시아어 문자 등 하나도 제대로 극복할 수 없었지만, 끊임없이 새로운 말과 글에 대한 호기심은 줄곧 이어졌다. 지금도.

나의 생각

이러한 가운데 한글은 20세기 말 21세기 초에 이르러서는 어떠한 위상을 갖게 되었을까? 궁금한 것은 따로 있었다. 580년을 넘기고 있는 한글의 역사적 변천 역시 인류 문명의 발전과 궤를 같이했다. 당시 세종이 걱정하고 불쌍한 백성들을 위한 한글은 숱한 역사적 질곡 속에서 어떻게 대응하고, 저항하고 자신을 지켜왔을까? 한 가지 분명한 점은 그의 애민사상에 담긴 인류애적 순수함과 진정성이다. 말과 글을 통한 소통과 교류의 무한한 가능성과 창조성이 크나큰 문화적 정신적 유산이다.

이처럼 한국인으로서 한국어를 자랑하고 싶지만, 영어와 중국어를 비롯한 21세기 강대국들이 각기 서로 다르게 사용하는 언어의 영향력과 지배력에는 한참 미치지 못한다. 다른 전제들도 많지만, 언어의 헤게모니나 권력 못지않게 기존의 언어가 갖는 한계를 어떻게 극복하고, 그 외연의 확대 역시 의미 있는 과제이다. 현재 나라의 규모에 따라, 즉 인구수, 경제력과 군사력 등을 앞세운 나라들의 언어들도 따지고 보면, 역사의 변천에서 예외 없이 부침을 겪을 수밖에 없었던건 사실이다. 동서고금을 통해 완벽한 언어와 완전한 언어는 없었고, 앞으로도 없을 것이다. 각자 자신들의 고유한 문화를 지탱하고, 새로운 문화를 창조하는 가운데 매력적인 언어는 언제든지 생겨나거나 새롭게 조망 받기 마련이다.

이쯤에서 스스로 냉정한 진단이 필요하다. 외국인이 한글과 한류에 빠지는 이유는 무엇일까? 앞서 언급한 것들을 간단하게 다르게 간추려 보자. 표음문자이면서도 과학적 체계를 갖춘 한글의 독특한 구조, 선과 획의 조화로 빚어내는 한글의 아름다운 조형미, 그리고 한글이 담고 있는 한국인의 정신과 가치관일 것이다. 이를 제대로 알고, 올바르게 널리 알려야 한다는 당위성이 이 글을 있게 한 명분이다.

앞서 덧붙이는 글에서 어느 정도 필자의 생각을 간추렸지만, 한글의 재탄생에 가까운 혁신과 변화, 그리고 계승이라는 다층적인 노력을 게을리할 수 없다는 게 나의 입장이다. 언어학자 데이비드 해리슨[49]에 따르면, "세계의 알파벳인 한글보다 뛰어난 문자는 세계에 없다"하면서, '세계의 알파벳'으로 극찬했다.[50] 그리고 기존 언어의 90% 가까이 2050년에는 사라질 것이라고 내다보았다. 그러나 지금 바로 닥친 일도 아니며, 그러한 예측이 반드시 이루어진다고 볼 수도 없다. 그럼에도 불구하고 어떤 언어가 사라지고, 어떤 언어가 살아남을지 궁금하겠지만, 현실은 누구나 지금 사용하고 있는 언어에서 비롯되는 삶의 방식과 가치에 의미를 둘 수밖에 없다. 시대정신에 걸맞

---

49 David Harrison(1966~)의 주장, 즉 언어의 힘은 해당 국민의 생존력이 중요한 요소다. 문화적으로 친근하게 끌어당기는 힘이 있어야 한다. 즉 외국어로서 주도적 언어가 되기 위해서는 해당 국가가 매력적이어야 한다. 이어 한글의 강점은 '최첨단 단순성(cutting-edge simplicity)'에 있다고 보면서, 한글은 언어 자체가 과학적이고 체계적이어서 배우기 쉽고 사용하기 쉬운 언어로 규정했다.

50 이는 미국 여류작가 펄 벅(Pearl Buck, 1892~1973)이 "한글은 전 세계에서 가장 단순한 글자이며, 가장 훌륭한 글자"라고 격찬한 것과 맥을 같이한다. 그녀는 자신의 한국식 이름을 한국을 방문했을 때, 스스로 박진주(朴眞珠)로 지었을 정도였다. 덧붙여 전 세계 언어학자들의 말을 간추려 보자. 2008년 노벨문학상 수상 작가 르클레지오(J.-M.G. Le Clézio, 1940~)는 "한글은 매우 과학적이고 의사소통에 편리한 문자다", 하버드대학 동아시아 역사가 라이샤워(E.O. Reischauer, 1910~1990)의 '가장 과학적인 표기 체계이다"라고 했다. 시카고대학 언어학자 멕콜리(J. McCawley, 1929~2018)의 "한글은 지구상의 문자 중에서 가장 독창적인 창조물이다", 독일의 언어학자 에카르트(P.A. Eckardt, 1884~1963)의 "한글 문자를 사용하는 한국 민족이야말로 단연코 세계 최고의 문화민족이다", 미국 컬럼비아대학 레드야드(G. Ledyard, 1932~2021)의 "한글은 세계 문자의 역사에서 가장 진보적인 글자이다", 영국 서식스대학 음성언어학자 샘슨(G. Sampson, 1944~)의 "한글은 한국 민족뿐만 아니라, 전체 인류의 업적으로 평가되어야 함은 의심할 여지가 없다", 독일 함부르크대학 삿세(W. Sasse, 1941~)의 "한글은 한국의 전통 철학과 과학 이론이 결합된 세계 최고의 문자이다", 네덜란드 라이덴대학 언어학자 포스(F. Vos, 1924~)의 "한국인들은 세계에서 가장 훌륭한 알파벳을 발명하였다", 미국 다이어몬드(J. Diamond, 1937~)의 "한글이 간결하기 때문에 문맹율이 세계에서 가장 낮다" 등이 있다.
참조; <한韓문화타임즈>, "한글은 지구상의 문자 중에서 가장 독창적인 창조물"

은 표현과 소통을 통해 삶의 즐거움, 개인의 성취감 등을 기리는 노력은 다양하게 앞으로도 계속 이어질 것이다.

이러한 관점에서 한국어가 모국어로서 또는 외국어로서 어떠한 의미를 갖는지를 나름대로 살펴보았다. 역지사지(易地思之)의 입장이 그만큼 중요하다고 본다. 지구 공동체 삶에서 언어의 패권주의는 가당치 않을 것이며, 다중언어를 넘어 전해 새로운 언어의 탄생도 가능하지 않을까? 인터넷 언어, 부호와 기호, 상징과 비언어적 요소, 축약과 축소형 신조어, 의성의태어, 수화 등으로 등으로 집약되는 새로운 언어의 창조는 가능하다고 본다. 여태까지 인류가 쌓아온 지식으로부터 예를 들면, 예술 분야에서 사용되는 부호와 기호는 물론 수학, 물리, 화학 등 과학 분야에서 쓰이는 공식, 용어, 부호뿐만 아니라, 건축과 디자인 분야에서의 표식들 또한 창조적인 언어의 재료로 활용될 수 있기 때문이다.

마무리하자면, 21세기 초 전 세계적으로 많은 관심과 큰 호응을 불러일으키고 있는 한류의 기저에는 한국의 역사와 전통 그리고 문화가 튼튼하게 자리 잡고 있다. 그 연장선에서 보면, 이를 얼마만큼 재미있게 쉽게 독특하게 일반화하는 과정이 한류의 실체이자 핵심이 아닐까? 그러나 잘 나가는 한글과 한국어의 열풍과 문화적 전성기에 마냥 안주할 수 없다. 열풍은 식기 마련이고, 어떠한 언어도 소통과 교류의 수단이지 목적이 될 수 없다는 한계와 언어를 바탕하는 문화적 속성을 망각할 수 없다. 그러나 혹시 유감스럽게도 한글의 미래와

문제점 해결은 한국어를 자국어로 사용하지 않지만, 한글을 확실하게 이해할 수 있는 외국인 학자나 인공지능에 의해 이루어지는 건 아닐지? 나아가 한글의 변혁을 주도하거나 가장 효율적인 대안이 그들에 의해 마련되는 건 아닐지? 모를 일이다.

2023년을 거쳐 2024년 여름 추석날에

이상금(李相金, Li Sanggum)

* 감사의 글

23년 봄에 소개한 원고 이후 다시 부족하고 미비했던 부분에 대한 보완과 보충으로 일년이 금방 지나갔다. 그간 '두두북스' 정진리 과장과 편집진의 긴 노고와 인내에, 특히 세심하게 조언해 주신 언어학자 김인택 전 부산대 교수께 큰 고마움을 전합니다.

참고문헌 및 웹사이트 ────────────────

참고문헌

간송문화재단, 『훈민정음 해례본과 언해본』, 가온누리, 2023.

고려대학교 민족문화연구원, 『홍길동전 전후치전 서화담전』, 김일렬 옮김, 한국고전문학전집 25, 고려대학교출판부, 1996.

김대식·챗GPT, 『챗GPT에게 묻는 인류의 미래』, 김민정 외 번역, 동아시아, 2023.

김선정 외 3인, 『살아있는 한국어 - 한자성어』, 랭기지플러스, 2013.

김수민·백선환, 『챗GPT 거대한 전환』, 알에이치코리아, 2023.

김정일, 『한국학 개척자들』, 한국학중앙연구원출판부, 2022.

김지영·김지현, 『해외 한국학자를 위한 한문 기초편』, 한국학중앙연구원, 2021.

노암 촘스키, 『변형-생성문법의 이론』, 이승환 번역, 범한서적, 1966.

대한의사협회(편저), 『의학용어집』(제6판), 군자출판사, 2020.

로스·이응찬, 『조선어 첫걸음』, 미국 장로교 선교회 활판소(Shanghai: American Presbyterian Mission Press), 1877.

배규범, 『외국인을 위한 한자와 한국 문화』, 한국문화사, 2012.

부산대도서관, 『효원in도서관』 제56호, 2024.

서재필·주시경·헐버트 외, 《독립신문》, 1896.

이상금 외, 『대중문화와 문학』, 교문사, 2015.

이원숙·정명근, 『음악이야기』, 김영사, 1993.

이희승(편저), 『국어대사전』, 민중서림, 1982.

정동주(편역), 『여중군자 장계향 행실기』, (사)여중군자 장계향 선양회, 2020.

정동주, 『장계향 조선의 큰어머니』, 한길사, 2019.

정화영·김광섭, 『한국의 정악과 민속악 장단』, 민속원, 2017.

챗GPT·이안 토머스·재스민 왕, 『챗GPT 인생의 질문에 답하다』, 이경식(번역), 현대지성, 2023.

최정아, 『한류로 읽는 한국 문화』, 한글파크, 2023.

Avram Noam Chomsky, 『Aspects of the Theory of Syntax』, MIT Press, 1965.

Jutta Limbach(Hrsg.), 『Das schönste deutsche Wort』, Max Hueber Verlag, 2005.

Walter Krämer·Roland Kaehlbrandt, 『Lexikon der schönen Wörter』(5. Aufl.), Piper Verlag, 2023.

웹사이트

국가교육과정정보센터(ncic.go.kr)

국립국어원 표준국어대사전(stdict.korean.go.kr)

아동언어데이터교환시스템(academia.edu)

영국옥스포드대학출판부(oed.com)

유엔개발계획(undp.org)

주영한국문화원(kccuk.org.uk)

한국국제교류재단(kf.or.kr)

한국문화방송(imbc.com)

한국민족문화대백과사전(encykorea.aks.ac.kr)

한국방송공사(kbs.co.kr)

한韓문화타임즈(hmhtimes.com)

한국민족문화대백과사전(encykorea.aks.ac.kr)

한국학중앙연구원(aks.ac.kr)

한韓문화타임즈(hmhtimes.com)

삶의 우연과 아름다움을 노래하는
두두콘텐츠그룹

어말아글

ⓒ 2024, 이상금

초판 1쇄	2024년 11월 6일
지은이	이상금
편집	정진리
디자인	손유진
마케팅	최문섭, 김윤희
펴낸이	윤진경
펴낸곳	두두북스
등록	2008년 11월 12일(제338-2008-6호)
주소	부산광역시 수영구 연수로357번길 17-8
전화	051-751-8001
팩스	0505-510-4675
전자우편	doodoobooks@naver.com

ISBN 979-11-91694-26-0 03700

※ 본 책은 '2024년 부산광역시·부산정보산업진흥원 우수 출판콘텐츠 제작 지원' 사업으로 발간합니다.

부산광역시 부산정보산업진흥원
BUSAN METROPOLITAN CITY Busan IT Industry Promotion Agency

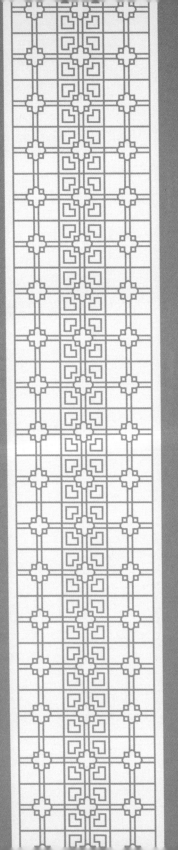